KB259824

다니엘의 신앙 맥 잡기

다니엘의 신앙 맥 잡기

D. L. 무디 지음 · 장광수 옮김

무디가 전하는
다니엘의 신앙 맥 잡기

초판발행일 | 2021년 7월 15일

지 은 이 | D. L. 무디
옮 긴 이 | 장광수
펴 낸 이 | 배수현
표지디자인 | 유재헌
내지디자인 | 박수정
제   작 | 송재호
홍   보 | 배예영
물   류 | 최낙필

펴 낸 곳 | 가나북스 www.gnbooks.co.kr
출 판 등 록 | 제393-2009-000012호
전   화 | 031) 959-8833(代)
팩   스 | 031) 959-8834

ISBN 979-11-6446-038-0(03230)

※ 가격은 뒤표지에 있습니다.
※ 잘못된 책은 구입하신 곳에서 교환해 드립니다.

저자 서문

성경에 등장하는 인물을 연구하는 일은 언제나 가장 흥미로운 일 중의 하나입니다. 시대가 다르고 환경이 다름에도 불구하고 동일한 지혜와 사랑과 능력으로 각 사람을 다루시는 하나님의 방법이 너무나 놀라워 하나님을 찬양하고픈 마음이 절로 일어나기 때문입니다.

이 책을 발간하는 이유는 다른 사람들도 이와 같은 연구를 통해 내가 성경에서 느꼈던 기쁨과 영맥과 문맥 그리고 사맥이 가져다주는 성경적 교훈의 맥을 독자들에게 얻게 하기 위해서입니다.

D. L. 무디

역자 서문

무디 선생의 저서를 옮기게 된 데 대해 먼저 하나님께 영광을 돌립니다. 초등학교도 졸업하지 못한 학력에 혀 짧은 소리를 내는 구둣가게 점원이 어떻게 세계적인 전도자와 설교자가 되어 무려 백만 명에 이르는 영혼을 하나님께 인도할 수 있었는지 늘 궁금했던 터에 그 비밀의 맥을 발견할 수 있었기 때문입니다.

이 책을 우리말로 옮기는 동안에 수없이 옷깃을 여미며 무릎을 꿇고 찬양을 드릴 수밖에 없었는데 그 이유를 네 가지만 소개하고자 합니다.

첫째는 거룩하신 하나님의 임재 의식의 결여로 인해 어려움을 겪고 있는 우리에게 하나님을 경외하도록 만들어 주기 때문입니다. 지식보다 중요한 것은 태도인데 이 책을 읽다 보면 어느덧 하나님 앞에 서 있는 우리 자신을 발견할 수 있습니다.

둘째는 설교와 성경 공부의 초점을 실제적 신앙에 두기 때문입니다. 자신의 논지의 증거와 예화를 역사적 사건이나 실생활에서 구하기 때문에 그가 세상을 떠난 지 백년이 넘었건만 그의 메시지가 오래 되었다는 느낌은 조금도 느낄 수가 없습니다.

셋째는 여기저기서 신선한 통찰력을 발견할 수 있기 때문입니다. 그것은 본문에 대한 깊은 묵상과 당대의 유명한 설교자와 저술가의 책을 부단히 참고하는데서 비롯되는데 여기서 그의 설교와 성경 공부를 위한 엄청난 노력을 절실히 느낄 수 있습니다.

넷째는 하나님을 향한 깊은 헌신과 영혼을 향한 뜨거운 사랑 때문입니다. 그는 어떤 경우에도 메시지의 초점을 하나님을 향한 사랑과 믿음의 성장 그리고 구령을 위한 도전에서 벗어나지 않게 합니다.

하나님이 무디 선생을 위대한 전도자이자 부흥 운동의 주역으로 삼으신 이유는 무엇일까요?

그 이유 가운데 일부를 소개하기 위해 생전에 그와 교제를 나누었던 한 교수의 체험담을 소개 합니다.

“무디는 제가 만나 본 사람들 가운데 가장 위대한 전도자였습니다. 그는 틀에 박혀 기교 상의 새로움만을 추구하는 매너리즘에 빠지는 법이 없었습니다. 제스처도 거의 사용하지 않고 목소리를 들레는 법도 없이 깊고 변함없는 경건함과 유머와 건전한 상식, 숨 막히는 진지함, 간결한 비유법을 사용하여 효과적으로 말씀을 전했습니다. 그는 청중을 흥분시키거나 충동적인 설교를 싫어했습니다.

유익하고 건전한 방식으로 말씀 증거하기를 좋아했습니다. 그와 개인적으로 친분을 쌓게 되어 노스필드에 있는 그가 세운 신학교를 방문하거나 그가 예일대를 방문했을 때에 나눈 얘기를 통하여 느낀 사실도 그가 보기 드문 성실함과 깊은 인간 이해를 가지고 있다는 것을 보여주는 좋은 예입니다.

내가 예일대의 학생이었을 때 어느 주일날 드리는 예배에 그가 강사로 초빙되어 설교를 한 적이 있었습니다. 건학 이념에 따라 학생이라면 누구나 의무적으로 참여하는 예배였기 때문에 보통 설교로는 그들을 만족시킬 수가 없었습니다. 그래서 대부분의 설교에 대한 학생들의 집중은 20분을 넘지 못했습니다. 그러나 무디는 1시간에 걸쳐 설교했음에도 학생들은 숨을 죽이고 그의 설교를 경청했습니다."

펠프스 교수의 간증은 제가 번역을 하면서 느낄 수 있었던 무디 선생의 믿음의 모습과도 다르지 않습니다. 그는 설교 가운데 "나는 … 생각합니다."라는 표현과 "나는 … 상상할 수 있습니다."라는 표현을 자주 사용합니다.

설교를 "선포된 하나님의 말씀"으로 이해하는 바르트적 설교 이해에 의하면 확신의 부족이나 준비 부족으로 여길 수도 있겠지만 거룩한 상상력을 통해 청중을 하나님께로 인도하고자하는 그의 철저한 경건함과 신선한 통찰력, 깊은 인간 이해에 바탕을 둔 실제적인 예화, 영혼 구원의 의지는 그런 생각을 기우로 여기게 만듭니다.

청중의 눈치를 보지 않고 그들에게 가장 필요한 것을 믿음을 가지고 소개하는 것도 하나님이 들어 쓰기를 기뻐하셨던 그의 설교의 특징 가운데 하나입니다
성경인물 연구를 통해 실제적인 믿음, 산 믿음을 소유하기 원하는 분들에게 이 책의 일독을 권합니다.

역자 장 광 수

$\mathcal{C}ontents$

Contents

Part 01

바벨론 포로기

바벨론 포로기

"다니엘은 뜻을 정하여 왕의 음식과 그가 마시는 포도주로
자기를 더럽히지 아니하리라 하고 자기를 더럽히지 아니하도
록 환관장에게 구하니"(단 1:8)

선지자 다니엘의 일생을 연구하는 것은 언제나 기쁜 일입
니다. 다니엘이라는 이름의 뜻은 '하나님은 나의 심판자'입
니다.

하나님은 우리와 같은 심판의 대상이 아니라 우리를 심판
하시는 분이라는 것이지요. 그래서 다니엘은 언제나 하나님
께 책임을 지는 자세로 살았습니다.

그러면 유대인인 다니엘이 왜 바벨론에 머물게 되었을
까요?

그것은 주님이 태어나시기 전 약 600전 전에 유다를 다스
리던 왕들이 하나님께 범죄하여 하나님의 심판이 백성들에
게 임했기 때문입니다. 유다의 왕위는 여호야김 왕에서 여호
아하스 왕으로, 그 후에는 여호야긴 왕에서 시드기야 왕으

로 이어졌지만 이들에 대해 성경은 "여호와 보시기에 악을 행하였더라"(대하 36:5, 9)고 기록하고 있습니다.

그래서 하나님은 바벨론을 통해 그들을 3차에 걸쳐 심판하셨습니다.

다니엘과 세 친구

바벨론 왕 느부갓네살은 하나님의 허락하심을 받아 여호야김 왕 때 예루살렘 성을 1차로 함락시킨 후, 다니엘과 어린 왕자들을 포로로 끌어갔습니다. 몇 년 후에 여호야긴이 왕이 되자 2차로 예루살렘을 함락시키고 성전의 그릇들과 함께 수천 명의 이스라엘 백성을 포로로 잡아 갔습니다("그해에 느부갓네살 왕이 사람을 보내어 여호야긴을 바벨론으로 잡아가고 여호와의 전의 귀한 그릇들도 함께 가져가고 그의 숙부 시드기야를 세워 유다와 예루살렘 왕으로 삼았더라" - 대하 36:10).

그로부터 얼마 지나지 않아 여호야긴의 숙부인 시드기야가 왕위에 오르자 느부갓네살 왕은 3차로 예루살렘을 함락시킨 후 하나님의 전을 불사르고 예루살렘 성벽을 헐고 모든 궁실을 불 태웠습니다. 게다가 성전의 대소 그릇들을 부수고("또 하나님의 전의 대소 그릇들과 여호와의 전의 보물과 왕과 방백들의 보물을 다 바벨론으로 가져가고" - 대하 36:18), 수많은 사람들을 살육한 후 또 한 차례 백성들을 포로로 삼아 갈대아에 있는 유브라데 강변으로 끌어갔습니다.

이때 바벨론으로 끌려간 포로 가운데 네 명의 젊은이들이 있었습니다. 이들은 신약에 나오는 디모데처럼 경건한 어머니에게서 하나님의 말씀을 배우고 하나님께서 유다 백성에게 보내신 눈물의 선지자 예레미야의 예언에 영향을 받은 인물들이었습니다.

그래서 그들은 유다 백성이 하나님 섬기기를 거부하고, 자신들의 죄를 지적하는 예레미야를 향해 '감상적인 눈물을 집어치우고 쓸데없는 분란이나 일으키지 말라'고 면전에서 핀잔을 줄 때도 여전히 아브라함의 하나님 이삭의 하나님 모세의 하나님을 섬길 수 있었습니다.

어느 날 느부갓네살 왕은 포로로 끌려 온 유대인들 가운데서 가장 유능한 젊은이들을 뽑아 갈대아 언어와 학문을 배우라고 명령을 내렸습니다. 뿐만 아니라 그들에게 매일 왕이 먹는 것과 같은 고기와 과일과 포도주를 먹도록 했습니다.

이런 특혜는 3년 동안 계속되었습니다. 3년이 지나자 느부갓네살 왕은 그 과정을 수료한 젊은이들의 능력을 친히 시험하기 위해 자신 앞에 서게 했습니다. 물론 다니엘과 세 친구들도 그 가운데 포함되어 있었습니다.

바벨론 도성에서

어떤 시골 청년이 집을 떠나 대도시, 그것도 세계적인 대도시에서 살아가려면 그의 앞에는 파멸로 이끌기에 좋은 유혹이 곳곳에 도사리고 있기 마련입니다.

삶의 전환점을 맞은 이 청년처럼 다니엘 앞에도 성공과 패배의 갈림길이 놓여 있었습니다. 살다 보면 수많은 실패한 사람들을 만나게 되는데 그들의 삶이 실패한 공통 원인을 살펴보면 출발점이 잘못된 경우가 너무나 많습니다.

그렇지만 다니엘은 그의 삶을 바르게 출발했습니다.

이런 그의 바른 삶은 바벨론에서도 변함이 없었습니다.

첫째, 부모님이 가르쳐준 신앙을 한 번도 부끄러워하지 않았습니다.

둘째, 하나님과 성경을 조금도 부끄러워하지 않았습니다. 수많은 이교의 우상숭배자들 사이에서 자신의 빛을 비추는 것을 전혀 부끄러워하지 않았다는 말입니다.

셋째, 포로가 되어 바벨론 성문을 지날 때도 하나님을 섬기는 자신의 믿음을 끝까지 지킬 수 있도록 굳게 붙잡아 주시기를 하나님께 간구했습니다.

그가 이처럼 열심히 기도할 수밖에 없었던 이유는 그곳에 사는 동안 수많은 난관에 직면했기 때문이었습니다.

과연 그로부터 얼마 지나지 않아 그들의 믿음을 시험하는 때가 닥쳐왔습니다.

느부갓네살 왕의 명령에 따라 다니엘과 세 친구들은 왕이 먹는 음식을 먹어야 했던 것입니다. 문제는 그 음식들 가운데 그들이 먹을 수 없는 음식들이 포함되어 있었다는 것입니다. 그러니까 레위기 율법이 부정하다고 규정한 동물이나 새나 생선의 살과 같이 유대인이 먹을 수 없는 음식과, 피를 완전히 빼지 않은 고기로 만든 음식을 먹을 수밖에 없게 된 것입니다.

이에 대해 성경은 **"그러므로 내가 이스라엘 자손에게 말하기를 너희 중에 아무도 피를 먹지 말며 너희 중에 거류민이라도 피를 먹지 말라"**(레 17:12)고 가르치고 있습니다.

뿐만 아니라 그 음식들 가운데에는 바벨론 사람들이 섬기는 벨(bel)신이나 다른 신들에게 제물로 바쳐졌던 음식도 포함되어 있었습니다. 왕이 베푼 음식 중에는 이런 음식들 가운데 일부나 또는 전부가 포함되었을 가능성이 있기 때문에 다

23

니엘은 자신이 취해야 할 행동을 결정해야만 했습니다.

그러나 다니엘은 믿음이 있었으므로 마음을 정하는 데 오랜 시간이 걸리지 않았습니다. 다니엘은 곧 "뜻을 정하여 왕의 음식과 그가 마시는 포도주로 자기를 더럽히지 아니하리라"(단 1:8)하고 결심했습니다.

무디가 전하는 **다니엘의 신앙 맥 잡기**

타협의 유혹

오늘날의 그리스도인들이 다니엘에게 조언을 할 수 있다면 다음과 같은 세 가지 가운데 하나가 될 것입니다.

첫째, '왕이 하사한 음식을 물리치면 안 돼. 그것은 바리새적인 행동에 지나지 않아. 네 신앙을 지키기 위해 그 음식을 먹지 않겠다고 말하는 순간, 네 자신이 다른 사람들보다 우월하다고 우쭐대는 셈이 되거든.'이라고 말할 수 있습니다. 이런 조언은 오늘날 너무나도 자주 듣는 이야기입니다. 수많은 사람들이 '로마에 들어가면 로마법을 따르라!'고 말하기 때문입니다.

둘째, 그들은 남의 나라에 포로로 끌려간 이 불쌍한 젊은이들에게 윽박지르듯이 이렇게 말할 수도 있습니다.

'너희가 조국에 산다면 얼마든지 하나님의 계명을 지킬 수 있을 거야. 하지만 여기는 바벨론이니까 너희 고국에서처럼 할 수 없을 뿐만 아니라 그렇게 해서도 안 돼!'

그러니까 포로로 끌려 온 나라에서 포로가 자신의 신앙을 지킨다는 것은 도저히 있을 수 없는 일이라는 것이지요.

셋째, 그들은 다니엘의 결정을 비웃으며 이렇게 말할 수도 있습니다.

'이봐, 젊은이. 자네는 꼭 청교도 같아. 남보다 튀어 보이려고 아무 때나 신앙적 기준을 내세우지 말라는 말일세. 자네는 지금 예루살렘에 있는 게 아니니까 고향에서 가졌던 생각들은 모두 버리는 게 좋아. 그리고 자네는 더 이상 예루살렘의 왕족이나 귀족이 아니니까 조국에서 누리던 높은 지위는 다 사라졌어. 자네는 지금 남의 나라에 끌려온 포로에 지나지 않아. 만일 바벨론 왕이 자네가 자신이 베푼 음식과 포도주를 들지 않겠다고 하는 말을 듣는다면 그 순간 자네의 머리는 보존하기 어려울 걸세. 그러니까 좀 더 현명한 태도를 취하는 것이 낫지 않겠나.'

하지만 다니엘은 깊은 경건과 굳센 믿음을 소유하고 있었다는 사실을 결코 잊어서는 안됩니다. 왜냐하면 이런 사람에게는 바벨론이 그의 믿음을 키우는 데는 물론이요, 믿음의 능력을 얻고, 믿음으로 살기에 알맞은 곳이기 때문입니다.

4

음식을 거부함

다니엘이 왕의 음식과 포도주를 먹지 않겠다고 말하자 환관장 아스부나스는 크게 놀라 이렇게 물었습니다.

'왜 그러느냐? 무엇 때문에 왕이 내린 음식과 포도주를 들지 않겠다고 하는 것이냐? 그것은 이 땅에서 나는 음식과 포도주 가운데 가장 좋은 것들이니라.'

그러자 다니엘은 이렇게 말합니다.
'왕이 잡수시는 음식과 포도주를 제게도 베푸시겠다니 대단히 감사합니다마는 저는 그것들을 먹을 수가 없습니다.'

환관장은 쉽사리 물러서지 않고 왕이 주신 음식과 포도주를 드는 것이 여러모로 유익하다고 다니엘을 설득했습니다. 하지만 그의 시도는 수포로 돌아갔습니다. 그가 설득하려했던 다니엘은 비록 젊지만 반석과 같이 굳센 믿음을 가진 하나님의 선지자였기 때문입니다.
다니엘과 그의 세 친구는 왕이 내린 음식과 포도주를 거

절하는 대신 "열흘 동안 채식을 주어 먹게 하고 물을 주어 마시게"(단 1:12)해 달라고 오히려 환관장을 설득했습니다.

환관장 아스부나스는 다니엘의 이야기를 듣고 몹시 두려워했지만 그들의 끈질긴 간청을 듣고 마침내 열흘 동안만 물과 채소를 주어 다니엘과 세 친구를 시험하는데 동의했습니다. 열흘이 지나자 그의 두려움은 놀라움으로 바뀌었습니다. 왜냐하면 다니엘과 그의 세 친구들의 얼굴이 왕의 음식과 포도주를 먹은 소년들보다 더욱 아름답고 살이 더욱 윤택했기 때문입니다(단 1:15).

다니엘과 세 친구가 증명한 바와 같이 '깨끗한 양심으로 냉수를 마시는 것이 불안한 마음으로 포도주를 마시는 것보다 훨씬 낫다'는 것은 하나님의 뜻에 합당한 원칙입니다. 그로 인해 그들은 깨끗한 양심을 소유하며 하나님을 기쁘시게 할 수 있었습니다. 주님은 그들의 순종에 대한 축복으로 네 젊은이들의 앞길을 활짝 열어주었습니다. 이윽고 하나님의 때가 이르자 그들은 환관장 뿐만 아니라 조정의 관료들과 왕의 총애를 단번에 얻을 수 있게 되었습니다.

다니엘은 이 세상의 명예와 사람들의 평판을 따르는 것보다 하나님께서 주신 믿음의 원칙을 지키는 것을 더욱 중시했습니다. 그러니까 옳은 것은 언제나 옳은 것이지, 오늘은 믿음을 따라 옳은 일을 행하고 다음날에는 세상의 풍조를 따라 그른 일을 행하는 법이란 그에게 있을 수 없었다는 말입니다.

다니엘서에서 말하는 "뜻을 정함"이란 '뜻을 굳게 하는 것'으로써 그것이 곧 그의 성공적인 삶의 비밀이었습니다. 그는 유혹을 극복함으로써 정당하고 바른 선택을 할 수 있었던 것입니다. 그 이후로 다니엘은 언제나 유혹을 극복할 수 있게 되었습니다. 왜냐하면 다니엘은 그의 삶을 바르게 출발했기 때문입니다.

5

바른 출발

많은 사람들이 실패하는 이유 중의 하나는 삶을 바르게 출발하지 않는 데 있습니다. 시골 출신의 젊은이는 고향을 떠나 도시 생활을 시작하는 그 때부터 곳곳에서 유혹을 만나게 됩니다. 한 번이라도 그런 유혹에 넘어가는 순간 그는 자신의 삶의 원칙을 어기게 됩니다. 그는 다니엘처럼 창문을 열고 하나님께 기도드리다가, 예배를 드리러 교회에 가다가, 성경을 읽다가 그런 우스꽝스런 행동을 한다는 이유로 자신을 조롱하며 야유를 보내는 사람들을 만날 수 있습니다.

이 때문에 기도나 예배나 성경 읽기를 중단하고 사람들의 조롱과 비웃음과 야유를 견디지 못한다면 마침내 자신의 원칙을 포기하게 될 것입니다.

믿음을 소유한 젊은이들에게 당부하고픈 말은 젊었을 때 한번 잘못 출발하게 되면 99%는 실패한 인생이 되고 만다는 것입니다.

첫 번째 사행성 게임, 첫 번째 도박 거래, 첫 번째 이중 회계장부 작성, 첫 번째 좀도둑질, 첫 번째 나쁜 친구들과 밤을 새우는 일 가운데 어떤 것도 그의 인생에 씻을 수 없는 오점을 남기는 전환점이 될 수 있다는 것입니다.

그러한 것들은 그로 하여금 실패한 인생을 향해 첫 걸음을 내딛게 할 수 있는 것들입니다.

사람들은 누구나 자신의 신앙 원칙을 지킬 수 없었던 데는 부득이한 이유가 있었기 때문이라고 변명할 수 있겠지만, 이 네 젊은이들이야말로 그런 이유를 얼마든지 제시할 수 있었을 것입니다.

첫째, 그들은 소년기와 청년기를 함께 지낸 친구들과 헤어져 낯선 나라에 포로로 끌려왔습니다.

둘째, 그들은 예루살렘을 중심으로 한 신앙적 영향력으로부터 단절된 채 그처럼 원하는 성전 예배와 희생 제사를 전혀 드릴 수 없었습니다.

셋째, 지혜자들과 점쟁이 우상과 우상숭배자들로 가득한 바벨론의 모든 삶은 온통 그들의 신앙과 부딪히는 것들뿐이라 네 젊은이들은 온 세상의 풍조와 맞서고 있는 셈이었기 때문입니다.

그러나 하나님께서는 친히 그들과 함께 계셨습니다.

우리가 신앙과 양심을 지키기 위해 온 세상 풍조에 의연히 맞설 때 하나님은 언제나 우리와 함께 계십니다. 그러므로 우리는 장래가 어찌될지 걱정할 필요가 없습니다. 옳은 것은 언제나 옳은 것이기 때문입니다.

하나님에 대한 우리의 간증은 어떤 한 가지 행위에 국한되어야 할 것이 아니라 일생 동안 지속되어야 합니다. 그러므로 우리는 잠시라도 다니엘이 한 가지 시험만 겪었다고 생각해서는 안 됩니다.

주의 종들에게 주어지는 말씀은 어느 시대나 동일합니다.

"네가 죽도록 충성하라"(계 2:10)

바벨론 도성의 규모

바벨론 도성은 드넓은 곳이었습니다. 아마도 세계에서 가장 큰 도시였을 것입니다. 고고학적 연구 결과에 의하면 바벨론 도성의 둘레는 96km나 되었고 넓이는 512km²였습니다.[01]

그 성의 한 변은 24km였고, 성벽의 높이는 105m로서, 로마에 있는 성베드로 성당의 지붕 높이와 같았습니다. 성벽의 넓이는 24㎡였고, 성벽 위로 8대의 병거가 동시에 달릴 수 있었습니다. 바벨론 도성은 평평하여 그 성을 장식하기 위해서는 인공 언덕을 돋우어야 했습니다. 또 다른 특징으로는 광활한 지역의 산물들이 모이는 곳이었다는 점을 들 수가 있습니다.

01　역자 주 그리스 역사가 헤로도투스(Herodotus)는 바벨론 도성의 둘레를 96km로 보았는데, 그 전체 모양은 정사각형이었고 한 변의 길이는 24km였다고 기록하고 있다. 오페르트(M. Oppert)는 바벨론 도성의 둘레를 측량한 뒤 성벽내 지역의 넓이가 512㎢라고 확증하고 있다(포셋 성경백과사전 67쪽). 바벨론 도성의 규모를 보다 쉽게 이해하려면 오늘날 런던의 넓이의 거의 두 배에 해당하는 넓이였다고 생각하면 된다. 하지만 바벨론 도성의 거주 인구를 런던의 거주 인구와 비교해서는 안된다. 당시 바벨론 도성 거주 인구는 120만명 정도였을 것으로 추정된다.

Part 02

느부갓네살의
첫 번째 꿈

느부갓네살의 첫 번째 꿈

그로부터 1년쯤 지나 느부갓네살이 다스린 지 2년이 되는
해에 우리는 새로운 상황에 처한 다니엘에 대한 이야기를 듣
습니다.

하루는 느부갓네살 왕이 꿈을 꾸고 그로 인해 마음이 번
민하여 잠을 이루지 못했습니다. 그러자 왕은 박수와 술객과
점쟁이와 갈대아 술사를 모두 불러 자신이 꾼 꿈을 해몽하
라고 명령했습니다. 그는 자신이 꾼 꿈의 내용을 전혀 소개
할 수 없었음에도 불구하고 그들에게 자신이 꿈에 본 것들
을 풀이하라고 명한 것입니다.

그것은 너무나도 불합리한 요구였지만 자신이 꾼 꿈의 내용과 그 의미를 해석해 주기만 한다면 그 꿈을 해석한 자에게는 큰 선물과 상과 영광을 주겠다고 제안했습니다. 물론 그들이 내용도 모르는 꿈을 해몽할 수는 없었습니다. 그래서 그들은 자신들의 한계를 인정하며 이렇게 말했습니다.

"세상에는 왕의 그 일을 보일 자가 한 사람도 없음으로 어떤 크고 권력있는 왕이라도 이런 것으로 박수에게나 술객에게나 갈대아인들에게 물은 자가 없었나이다 왕께서 물으신 것은 어려운 일이라 육체와 함께 살지 아니하는 신들 외에는 왕 앞에 그것을 보일 자가 없나이다"(단 2:10, 11)

"신들 외에는"(단 2:11)

이 말씀 속에서 말하는 신들이란 하늘의 하나님, 곧 그 꿈의 비밀을 속히 풀이해 주실 수 있는 다니엘의 하나님을 의미하는 것이 아니라 바벨론제국의 우상, 곧 그들의 신들을 가리킵니다.

소위 지혜자라 부르는 갈대아의 박사와 술객들은 그런 우상을 통해 생각하기 때문에 그릇된 사고를 할 수밖에 없었습니다. 그러므로 그들은 처음부터 왕의 꿈을 해석할 수 없었던 것입니다.

"세상에는 왕의 그 일을 보일 자가 한 사람도 없으므로"(단 2:11)

그들은 자신들이 한 이 말이 틀렸다는 것을 곧 깨닫게 되었습니다.

"왕이 이로 말미암아 진노하고 통분하여 바벨론의 모든 지혜자들을 다 죽이라 명령하니라 왕이 명령을 내리매 지혜자들은 죽게 되었고 다니엘과 그의 친구들도 죽이려고 찾았더라"(단 2:12, 13)

근위대장 아리옥이 왕이 내린 명령을 수행하기 위해 지혜자들을 죽이려고 찾는 중에 다니엘에게 이르렀지만, 다니엘은 조금도 두려워하지 않았습니다. 아리옥은 다니엘에게 이렇게 말했습니다.

'너도 지혜자들 중의 하나가 아니냐 우리가 할 일은 너를 끌고 가 죽이는 것이다.'

그때 다니엘이 "왕의 명령이 어찌 그리 급하냐"라고 묻자 아리옥이 그 이유를 모두 다니엘에게 들려주었습니다. 그러자 다니엘은 왕에게 나아가 "시간을 주시면 왕에게 그 해석을 알려 드리리이다"라고 하여 얼마간의 말미를 얻기를 구했습니다.

7

바벨론 최초의 기도회

다니엘은 모세의 율법을 읽고 자랐으므로 '감추어진 일'에 대한 모세의 가르침이 참되다는 사실을 믿는 사람들 중의 한 명이었습니다.

"감추어진 일은 우리 하나님 여호와께 속하였거니와 나타난 일은 영원히 우리와 우리 자손에게 속하였나니"(신 29:29)

아마도 그는 자신에게 이렇게 말했을 것입니다.

'우리 하나님은 그 비밀을 모두 알고 계시므로 내게 그것을 분명히 알려주실 거야!'

그리고는 집으로 돌아가 세 친구를 불러 기도회를 열었습니다. 이것은 바벨론에서 열린 최초의 기도회였습니다. 다니엘과 세 친구들은 느부갓네살 왕의 '협박성 명령'을 100년 전에 히스기야 왕에게 앗수르 왕이 보낸 '협박 편지'와 동일한 것으로 여겼습니다.

"여호와의 성전에 올라가서 히스기야가 그 편지를 여호와

히스기야가 기도한 것처럼 그 문제를 하나님께 고하며 기도했다는 말입니다. 그들은 하나님이 감추어진 비밀을 그들에게 알려주시기를 기도했습니다. 하지만 하나님께 기도하자마자 바로 응답이 임한 것은 아닙니다.

우리가 그처럼 다음날 아침에 머리가 잘릴 위험에 처해 있었다면 아마도 밤새도록 잠을 이루지 못했을 것입니다. 그러나 다니엘은 자신의 처지는 아랑곳하지 않고 깊은 잠에 빠져들었습니다. 왜냐하면 꿈이나 이상을 통해 그에게 알려주시도록 하나님께 구했기 때문입니다.

다니엘의 믿음은 강했습니다. 그래서 그는 죽음을 앞에 두고도 평안히 잠이 들 수 있었던 것입니다. 만일 다니엘과 그의 친구들이 밤에 잠을 잘 수 없었다면 그것은 그들이 밤새도록 기도하고 있었기 때문일 것입니다.

8

왕의 앞에 선 다니엘

다니엘은 온 맘을 다하여 감사를 드렸습니다.

"하늘에 계신 하나님을 찬송"(단 2:19)한 것입니다. 그것은 시편 103편 기자와 같은 마음에 사로잡혔기 때문일 것입니다.

"내 영혼아 여호와를 송축하라 내 속에 있는 것들아 다 그의 거룩한 이름을 송축하라"(시 103:1)

바울과 실라도 빌립보 옥중에 있을 때 그와 같은 감사의 마음을 가졌습니다("한 밤중에 바울과 실라가 기도하고 하나님을 찬송하매 죄수들이 듣더라" - 행 16:25참조).

이윽고 그는 왕궁으로 가 근위대장실에 들러 아리옥에게 이렇게 말했습니다.

"나를 왕의 앞으로 인도하라 그리하면 내가 그 해석을 왕께 알려 드리리라"(단 2:24)

그는 느부갓네살 왕 앞에 서서 꿈을 해몽하기에 앞서 바로

(Pharaoh) 앞에 선 요셉처럼 하나님께 먼저 영광을 돌렸습니다.

"오직 은밀한 것을 나타내실 이는 하늘에 계신 하나님이시라"(단 2:28)

다니엘은 자신을 '아무 것도 아닌 존재(Nothing)'로 여겼습니다. 물론 그는 하나님 앞에서 아무 것도 아닌 존재였습니다. 그러므로 그는 왕이 자신을 높게 평가하는 것을 원치 않았습니다.

이것은 가장 높은 유형의 경건으로 자신을 낮춤으로써 하나님을 높이는 행위입니다. 그러고 나서 다니엘은 왕이 꾼 꿈의 내용을 얘기하기 시작했습니다.

"왕이여 왕이 한 큰 신상을 보셨나이다 그 신상이 왕의 앞에 섰는데 크고 광채가 매우 찬란하며 그 모양이 심히 두려우니"(단 2:31)

해몽

그 말을 들은 느부갓네살 왕은 눈을 크게 뜨며 이렇게 소리쳤을 것입니다.

'그래, 바로 그거야, 이제야 생각이 나는군.'

"그 우상의 머리는 순금이요 가슴과 두 팔은 은이요 배와 넓적다리는 놋이요 그 종아리는 쇠요 그 발은 얼마는 쇠요 얼마는 진흙이었나이다"(단 2:32, 33)

'그래. 내가 꾼 꿈 그대로야. 이제야 모든 것이 분명해 지는군. 한데 뭔가 더 있었던 것 같은데.'
다니엘은 계속해 이렇게 말했습니다.

"또 왕이 보신즉 손대지 아니한 돌이 나와서 신상의 쇠와 진흙의 발을 쳐서 부서뜨리매 그 때에 쇠와 진흙과 놋과 은과 금이 다 부서져 여름 타작 마당의 겨 같이 되어 바람에 불려 간 곳이 없었고 우상을 친 돌은 태산을 이루어 온 세계에 가득하였나이다 그 꿈이 이러한즉 내가 이제 그 해석을 왕 앞에

아뢰리이다"^(단 2:34-36)

고요한 정적 가운데서 다니엘은 해몽을 이어 갔습니다.

"왕은 곧 그 금 머리니이다"(단 2:38)

그리고 그는 계속해서 왕의 뒤를 이어 바벨론보다 못한 다른 나라가 일어날 터인데, 그 나라는 은이 금보다 강하듯이 그다지 아름답지는 않지만 더욱 강한 나라가 될 것이라고 풀이해 주었습니다. 그 나라는 바로 메대 바사제국(Mede-Persia)이었습니다. 그 해몽대로 금 머리는 은으로 된 팔에 의해 무너졌습니다. 다니엘은 그 예언적인 꿈의 일부가 실현되는 것을 볼 때까지 살았습니다.

바사제국의 고레스 왕이 갈대아인들이 세운 제국을 무너뜨리는 것을 볼 때까지 살았다는 것입니다. 그래서 제국의 홀이 메대 바사제국의 손에 넘겨지는 것도 보았습니다. 그 후에는 바사왕조를 무너뜨린 강력한 그리스도의 정복자 알렉산더 대제가 나타났습니다. 그 후 잠시 동안 그리스가 세계를 지배했습니다.

그리고 나서 시저(Caesar)가 나타나 로마제국을 건설했는데, 이 나라는 쇠로 된 종아리에 해당하는 나라로서 역사상 가장 강력한 힘을 소유한 나라였습니다. 수세기 동안 로마는

7개의 언덕 위에 자리 잡고 있으면서 전 세계를 지배했습니다. 그 후에 로마제국은 붕괴되어 10개의 발가락으로 비유된 예언에 따라 10개의 나라로 분열되었습니다.

다니엘의 하나님이 주신 말씀은 지금까지 문자 그대로 성취되었으므로 때가 되면 그 해몽대로 "손대지 아니한 돌이 산에서 나와서"(단 2:45) 모든 나라들을 무너뜨리고 평화의 왕국을 세울 것이라고 믿습니다.

진흙으로 된 다리와 발에 해당하는 시대에는 쇠로 된 발의 세력의 일부가 공존합니다. 우리가 살고 있는 이 시대는 이 신상의 가장 마지막 부분인 발가락에 해당하는 시대입니다.

그러므로 정말 멀지 않은 시간에 손대지 않은 돌과의 충돌이 일어나 종말이 이르게 될 것입니다.

"손대지 아니한 돌"(단 2:45)이 분명히 도래하고 있으며 곧 나타날 것이라는 말씀입니다.

10

5번째 왕의 도래

이 이상(vision)이 나타내는 마지막 시대에 관해 여러 해 동안 예언한 에스겔은 무엇이라고 말합니까?

"관을 제거하며 왕관을 벗길지라 … 내가 엎드러뜨리고 엎드러뜨리고 엎드러뜨리려니와 이것도 다시 있지 못하리라 마땅히 얻을 자가 이르면 그에게 주리라"(겔 21:26, 27)

사도 바울은 뭐라고 말합니까?

"우리 주 예수 그리스도께서 나타나실 때까지 … 기약이 이르면 하나님이 그의 나타나심을 보이시리니 하나님은 복되시고 유일하신 주권자이시며 만왕의 왕이시며 만주의 주시요 … 그에게 존귀와 영원한 권능을 돌릴지어다"(딤전 6:14, 15, 16)

그렇습니다. 5번째 왕국을 다스릴 왕이 지금 오고 계십니다. 정말 속히 오실 것입니다. 이 5번째 왕을 환호하며 맞이합시다. 그분은 의로 세계를 다스리시며 "강에서부터 땅 끝까지"(시 72:8) 다스리실 것입니다.

곧 '그리스도께서 오셨습니다.'라는 외침이 온 땅을 뒤흔들 것입니다. 그것은 정말 **"멀지 않아"**(렘 51:33) 일어날 일입니다.

하나님의 자녀들이여, 기뻐하십시오. 우리 왕이 나타나실 날이 점점 더 가까워지고 있습니다. 아직 그리스도를 믿지 않는 이들에게 드리고픈 말씀은 '시간을 낭비하지 말라'는 것입니다. 도래하고 있는 주님의 나라에서 어떤 역할이나 분깃을 얻기 원한다면 그 나라의 문이 열려 있는 동안, 바로 지금 들어가는 것이 낫습니다. '너무 늦었어. 너무 늦었다고!' 라는 사람들의 외침이 사방에서 들려올 날이 얼마 남지 않았기 때문입니다.

11

하나님이 높이심

느부갓네살 왕은 자신의 꿈과 그 꿈에 대한 해몽을 듣고 나서 자신이 진정한 지혜자를 찾았다는 사실에 크게 만족했습니다. 그는 다니엘에게 귀한 선물을 많이 주고 요셉이 바로(Pharaoh) 다음으로 높은 자리에 올랐던 것처럼 왕 다음 가는 지위를 그에게 주었습니다. 다니엘은 높은 자리에 올랐지만 결코 그의 친구들을 잊지 않았습니다. 그래서 왕에게 그들의 지위를 높여줄 것을 요청했습니다. 그 결과로 그들도 지방을 다스리는 영예로운 자리에 오를 수 있게 되었습니다.

하나님은 그들을 기뻐하신다는 증거로 그들을 놀랍게 축복하셨습니다. 또한 그들이 수많은 대적들로 둘러싸여 있음에도 불구하고 하나님을 향해 진실한 믿음을 지킨 그들을 축복하셨습니다.

그 때부터 다니엘은 큰 인물이 되었습니다. 그는 바벨론 전국을 다스리게 되었습니다. 포로와 종의 생활에서도 벗어났습니다. 22살이 채 안되었을 젊은 나이에 바벨론이라는 강력한 제국을 다스리게 된 것입니다. 이것은 실제로 당시에 알려진 세계 전체를 다스리게 된 것과 다름이 없다고 말할 수 있습니다.

하나님은 때가 되면 우리를 높여 주십니다. 자신을 높이려 헛되이 힘쓰지 마십시오. 높은 지위를 얻기 위해 수단 방법을 가리지 않고 애쓰지 말라는 것입니다. 하나님이 우리에게 알맞은 자리를 주실 것을 믿으십시오. 이 세상에서 높은 지위를 갖지 못했다 할지라도 하나님과 올바른 관계를 유지하는 것이 더 중요한 일인 것입니다. 그 때에 하나님이 우리를 기뻐하신다는 사실을 알게 될 것입니다. 그것으로 충분합니다.

선한 싸움을 싸우라

- 호라티우스 보나르

어떻게 되어 가고 있습니까,
모든 악한 것과의 평생 전쟁이?
여러분의 싸움은 비천한 자와
이기적인 목적에서 행하는 것이 아니라
거인들과 왕들과의 싸움입니다.

어떻게 되어 가고 있습니까,
죽음과 어둔 권세와의 싸움이?
강한 자보다 더 강하신 주님이
가장 모진 시간에 여러분을 위해
여러분과 함께 계시지 않습니까.

소음과 담배 연기,
열띤 분위기의 숨막힐 듯한 장소에서도 두려워 마십시오.
용기를 내십시오. 그것은 우리 주님의 싸움입니다.

가서 주님을 위해 용감하게 싸우는 법을 배우십시오.
만인이 실패하고
사랑하는 자의 죽음으로 너른 들이 뒤덮인다 해도
믿음의 방패와 말씀의 검을 더욱 굳게 붙잡고
여러분 혼자라도 끝까지 싸우십시오.

만인이 두려워하여
조그만 두려움을 보고 도망친다고 해도
많은 사람의 두려움에 흔들리지 마십시오.
우리의 선장이 되신 주님이 약속하신 승리는
우리의 것입니다.

Part 03

금 신상

금 신상

> "느부갓네살 왕이 금으로 신상을 만들었으니 높이는 육십
> 규빗이요 너비는 여섯 규빗이라 그것을 바벨론 지방의 두라
> 평지에 세웠더라"(단 3:1)

그로부터 몇 년이 지나 우리는 다니엘의 세 친구가 실제적
인 위기에 직면하게 되는 장면에 이르게 됩니다. 과연 그때까
지 느부갓네살 왕이 전에 꾸었던 거대한 신상에 관한 꿈에
사로잡혀 있었을까요?

단언할 수는 없지만 그 꿈이 느부갓네살의 통치에 영향을
미쳤을 것이라고는 말할 수 있습니다. 그가 자신을 닮은 거
대한 신상을 만들되, 그것도 금박을 입힌 것이 아니라 온통
금으로 된 신상을 만들라고 명했기 때문입니다.

금은 번영을 상징하는 것으로서 당시의 바벨론제국이나
번영하던 시절의 예루살렘에도 금이 풍부했습니다. 이 금 신
상을 만드는데 쓰인 금은 유다 왕국을 함락시킨 후에 전리품

무디가 전하는 **다니엘의 신앙 맥 잡기**

으로 얻은 것이었습니다. 이 신상의 크기는 높이가 27m, 너비가 2.7m~3m에 이르는 거대한 신상으로 도성에서 가까운 두라(Dura)평지에 세워졌습니다. 느부갓네살은 이 금 신상을 통해 세계적인 종교를 세움으로써 바벨론제국이 덧없이 사라질 수 있다는 사실을 잊고자 했습니다.

두라(Dura) 평지

다니엘은 금 신상 낙성식 때에 참석하지 않았습니다. 나랏일로 애굽을 방문하고 있었거나 그 나라의 수많은 도(province, 道) 중의 하나에 가 있었기 때문입니다. 만일 다니엘이 그곳에 있었다면 그의 이름이 성경에 기록되었을 것입니다.

왜냐하면 총독과 수령과 행정관과 모사와 재무관과 재판관과 법률사와 각 지방 모든 관원이 그 낙성식에 참석하도록 명령을 받았기 때문입니다.

그 날 아침 두라 평지로 향하는 길들은 수많은 사람들의 행렬로 가득 찼습니다. 그곳에는 귀한 신분을 가진 사람들과 부자들이 다 모여 있었습니다. 시간이 되자 예식이 시작됨을 알리는 나팔이 울리더니 선포하는 자가 이렇게 외칩니다.

"백성들아 나라들과 각 언어로 말하는 자들아, 왕이 너희 무리에게 명하시나니 너희는 나팔과 피리와 수금과 삼현금과 양금과 생황과 및 모든 악기 소리를 들을 때에 엎드리어 느부갓네살 왕이 세운 금 신상에게 절하라. 누구든지 엎드려 절하지 아

니하는 자는 즉시 맹렬히 타는 풀무불에 던져 넣으리라"^(단 3:4-6)

물론 그 낙성식에는 오늘날의 동상제막식에 해당하는 과정도 포함되어 있었을 것입니다. 한 가지 분명한 사실은 악기 소리를 들으면 누구나 금 신상을 향해 엎드려 절해야 한다는 것이었습니다.

그러나 하나님이 친히 시내산에서 선포하시고 돌판 위에 기록해 주신 율법은 이런 일을 금하고 있었습니다.

"너는 나 외에는 다른 신들을 네게 두지 말라"^(출 20:3)

이때 다니엘은 두라 평지에 없었지만 그의 영향력은 여전히 그곳에 남아 있었습니다. 그의 신앙에 영향을 받은 사드락과 메삭과 아벳느고가 그곳에 있었기 때문입니다.

비록 왕의 명령에 의해 그곳에 참석했지만 그들 모두가 다니엘과 같은 믿음을 가지고 있었습니다. 그들은 지방을 다스리는 관원의 위치에 있었기 때문에 낙성식에 참여하지 않으면 안 됩니다.

분명히 말씀드리지만 이 세상의 풍조를 거부할 수 있는 용기가 없다면 하나님을 위해 참된 믿음을 소유하거나 하나님

57

을 위해 살 수 없다는 것을 명심하십시오.

하늘나라와 이 세상 모두를 위해 살려고 하는 자들은 결코 참된 믿음의 삶을 살 수 없습니다. 왜냐하면 그 두 세계는 반드시 충돌하기 마련이기 때문입니다.

우리는 다니엘의 세 친구에게 어떤 어려움이 있어도 바른 선택을 하라고 조언할 수 있습니까?

혹시 용기가 없어서 이 세 젊은이에게 '잠깐만 절을 하는 시늉이라도 해, 무릎을 꿇고 경배하는 것이 아니라 단지 고개를 숙이는 것뿐이라면 누가 알아볼 수 았겠어?' 라고 말할 사람은 없느냐는 것입니다. 그러나 다니엘과 세 친구는 바벨론 땅에 처음으로 발을 딛던 날 이 세상과 도래할 천국이 충돌할 수밖에 없다는 사실을 분명히 깨달았습니다.

그들은 천국을 위해 사는 쪽을 택했습니다. 보이지 않는 것들을 위해 살기로 결심했다는 말입니다. 그들은 결코 눈에 보이는 것에 의해 판단하지 않았습니다. 그들은 이 점에서 바른 선택을 했습니다. 그로 인해 생명이 위태로워질지라도 아랑곳하지 않을 수 있었던 것입니다. 그들은 오직 하나님의 영광을 위해서 살기로 다짐했습니다. 하나님과 보이지 않는 세계를 위해 사는 쪽을 택한 것입니다. 그러니까 더 큰 보상을 받기로 작정한 셈입니다.

13

죽음의 위협

느부갓네살 왕은 자신의 명령을 따르지 않는 자를 모두 극심한 형벌에 처하라고 선포했습니다.

"누구든지 엎드려 절하지 아니하는 자는 맹렬히 타는 풀무 불 가운데에 던져 놓음을 당하리라"(단 3:11)[02]

그럼에도 이 신실한 세 젊은이들은 금 신상 앞에 절하지 않기로 결심했습니다.

그 도성 안에 사는 사람들 가운데 얼마나 많은 사람들이 '내게 금을 주시오. 돈을 달란 말이요. 그러면 무엇이든지 할 수 있거든요.' 라고 외쳤을까요. 이런 사람들은 언제 어디서나 만날 수 있습니다.

....

02   이것은 빈말이 아니라 무자비하고 잔인한 왕의 성품을 그대로 드러내는 행동이었다. "여호와께서 너를 바벨론 왕이 불살라 죽인 시드기야와 아합 같게 하시기를 원하노라"(렘 29:22) 산 사람을 화형시키는 것은 미개한 시대에 변방국가에서만 일어난 일이 아니었다. 약 300년 전에 살았던 한 영국의 여왕의 이름이 속담에 인용된 적이 있었는데, 그는 재위에 있는 5년동안 모두 227명을 산채로 화형시켰는데 그 중의 55명은 여성이었고 4명은 어린이였다.

어떤 사람들은 이렇게 생각할 수도 있습니다.

'느부갓네살 시대 사람들은 황금 우상 앞에 절할 필요가 없었는데 그 이유는 그들이 매일 황금을 우상으로 삼는 일을 하고 있었기 때문이에요.' 그러니까 돈이 그들의 신이요, 사회적 지위가 그들의 금 신상이었다는 것입니다.

오늘날에도 금 신상 앞에 절하는 사람들이 얼마나 많습니까?

'금을 주세요. 금을 달라구요. 그러면 하늘나라도 소유할 수 있어요. 사회적 지위를 주세요. 그러면 도래할 천국도 소유할 수 있어요. 세상의 명예를 주세요. 그러면 천국에 대한 소망도 포기할 수 있어요. 은 삼십냥을 주세요. 그러면 그리스도라도 당신에게 넘기겠어요.'

이것들이 오늘날의 세상이 요구하는 것입니다.

14

황금 시대
(gold age)

느부갓네살 왕의 명령에 의해 금 신상 앞에 절하는 시간을 알려 그곳에 있는 모든 사람들이 일제히 금 신상 앞에 절했습니다. 저마다 바벨론에서 귀한 신분과 큰 권력을 지닌 사람들이었지만 왕의 명령에 따라 모두 절을 한 것입니다. 그런 와중에서도 무릎을 꼿꼿이 세우고 절하지 아니한 세 사람이 그곳에 있었습니다.

그들은 바로 다니엘의 세 친구였습니다.

왕의 명령에 따르자면 하나님의 율법을 어길 수밖에 없다는 사실을 그들은 너무나 잘 알고 있었습니다. 그래서 그들은 악대 연주가 끝날 때까지 꼿꼿이 서서 그 신상 앞에 절하지 않았습니다. 왕의 명령에 따라 낙성식에 참여하는 데는 어려움이 없었지만, 왕의 명령을 어기고 금 신상 앞에 절하지 않기 위해서는 크나큰 용기가 필요했습니다. 그래서 그들은 하나님의 계명을 기억했습니다.

“너는 나 외에는 다른 신들을 네게 두지 말라”(출 20:3)

하나님을 위하여 담대하게 불의에 저항하는 것은 하나님이 그분의 모든 종들에게 요구하시는 성품인 것입니다. 하나님의 종이나 천국의 믿음에 따라 행하는 모든 사람들이 그러하듯이 이 히브리 젊은이들에게도 적이 있었습니다.

그들을 매우 시기하는 자들이 있었다는 말입니다. 그들은 이 세 젊은이가 유능하기 때문이 아니라 분에 넘치는 왕의 호의를 받아 지방을 다스리는 높은 자리에 올랐다고 여겼습니다.

그러나 이 세 젊은이 외에도 금 신상 앞에 절하지 않은 사람들이 있었습니다. 그들은 무엇을 하고 있었을까요? 그들은 사드락과 메삭과 아벳느고의 일거수일투족을 감시하고 있었습니다. 그들이 금 신상 앞에 엎드려 절을 했다면 다니엘의 세 친구가 절하지 않은 것을 결코 알 수 없었을 것입니다. 그 세 친구의 꼬투리를 잡기 위해 갈대아인들은 옆눈질을 하며 그 세 젊은이를 감시하고 있었던 것입니다.

이 세 젊은이는 히브리인의 하나님을 믿으므로 분명히 금 신상 앞에 절하지 않으리라는 것을 그들은 이미 잘 알고 있었습니다. 그러니까 하나님의 율법에 어긋나지 않을 때는 그들이 왕의 명령에 복종하지만, 그 명령이 하나님의 명령과 충돌할 때는 왕의 명령에 따르지 않으리라는 것을 갈대아인들이 너무나 잘 알고 있었다는 것입니다. 감시자들의 눈길이

그들을 향하고 있었지만 그 세 젊은이들은 결코 금 신상 앞
에 절하지 않았습니다.

63

15

사드락, 메삭, 아벳느고

그들이 그처럼 용기를 낼 수 있었음에 대해 하나님께 감사를 드립시다. 무엇인가가 그들의 무릎을 굳게 세워 그들로 하여금 왕의 명령에 굴복하지 않고 바위처럼 굳게 서 있도록 만들었기 때문입니다.

그들은 반쯤 허리를 구부리거나 조금도 고개를 숙이지 않은 채 꼿꼿이 서 있었습니다. 고개를 숙이는 행위는 신상을 경배하는 행위라고 여겼기 때문입니다.

이 히브리 젊은이들을 제거하고 그들의 자리를 차지하고 싶어 하는 대적은 한 두 명이 아니었습니다. 다니엘의 세 친구가 높은 지위에서 그 지위에 걸맞는 많은 명예를 누리는 것을 보고 많은 갈대아인 관리들이 그들을 쫓아내고자 했던 것입니다.

이처럼 집요하게 그들의 지위를 노리는 사람들이 지켜보는 가운데, 그 세 젊은이들은 신상 앞에 절하기를 거부한 것입니다. 여러분이 알다시피 살다보면 그런 일은 얼마든지 일어날 수 있습니다. 다른 사람이 우리 자리를 노리고 있는데도 그들이 비난할 만한 빌미를 제공하는 경우가 얼마든지 있다는 것입니다.

그들을 감시하던 갈대아인들은 그 사실을 고하기 위하여 왕 앞에 나아갔습니다. 그들은 서둘러 "왕이여 만수무강 하옵소서"(단 3:9) 라고 인사한 뒤 다니엘의 세 친구에 대해 참소하기 시작했습니다.

'왕이여, 지방을 다스리는 관리 중 세 사람이 왕의 명령을 어긴 것을 알고 계십니까?'

그 말을 들은 느부갓네살 왕은 몹시 진노했습니다.

'나의 신하 가운데 누가 감히 내 명령을 거역한단 말이냐? 그들이 누구냐? 그들의 이름을 대라.'

'그들은 왕께서 지방을 다스리는 고관으로 세우신 히브리 노예들입니다. 그들의 이름은 사드락, 메삭, 아벳느고입니다. 그들은 금 신상 앞에 절하는 시간이 되었음을 알리는 악기 연주가 시작되었는데도 끝까지 절하지 않았습니다. 그곳에 있던 사람들은 절을 하느라고 그들이 경배하지 않는 것도 미처 알지 못했습니다. 왕이 이들의 죄를 묻지 않으신다면 머지않아 왕의 명령을 따를 자가 없을 것입니다.'

16

"우리 하나님은 능히 우리를 건져내시겠고"

왕은 잠시 동안 분노로 인해 말을 잇지 못하다가 정신을 차린 뒤, '그 세 사람을 데려 오라.'고 명령을 내렸습니다.

"사드락, 메삭, 아벳느고야. 너희가 내 신을 섬기지 아니하며 내가 세운 금 신상에게 절하지 아니한다 하니 사실이냐?"(단 3:14)

그들은 이렇게 말했습니다.
'왕이여, 그 말은 모두 사실입니다.'
느부갓네살 왕은 화가 머리꼭대기까지 치솟았지만 참고 그들에게 마지막 기회를 베풀기로 작정했습니다.

"이제라도 너희가 준비하였다가 나팔과 피리와 수금과 삼현금과 양금과 생황과 및 모든 악기 소리를 들을 때 내가 만든 신상 앞에 엎드려 절하면 좋거니와 너희가 절하지 아니하면 즉시 너희를 맹렬히 타는 풀무불 가운데에 던져 넣을 것이니 능히 너희를 내 손에서 건져낼 신이 누구이겠느냐"(단 3:15)

그것은 꽤나 솔직한 말이 아닙니까?

어디에도 돌려 말하거나 겉치레로 말하는 구석이 없습니다. 말하자면 '내 명을 따르면 살고 그렇지 않으면 죽을 것이다.'라는 식의 말입니다. 하지만 그들은 그런 왕의 위협에도 전혀 두려워하지 않았습니다. 그리고 이렇게 말했습니다.

"느부갓네살이여 우리가 이 일에 대하여 왕에게 대답할 필요가 없나이다 왕이여 우리가 섬기는 하나님이 계시다면 우리를 맹렬히 타는 풀무불 가운데에서 능히 건져내시겠고 왕의 손에서도 건져내시리이다 그렇게 하지 아니하실지라도 왕이여 우리가 왕의 신들을 섬기지도 아니하고 왕이 세우신 금 신상에게 절하지도 아니할 줄을 아옵소서"(단 3:16-18)

물론 이들의 대답도 솔직한 말입니다. 하지만 바벨론 왕은 자신 앞에서 그처럼 당당하게 말하는 사람을 본 적이 없었으므로 그들의 대답을 불순하게 여겼습니다. 이윽고 왕은 "분이 가득"(단 3:19)하게 되었습니다.

17

"아니 할 줄을 아옵소서"

그들은 왕에게 정중하지만 단호하게 말했습니다. 여기서 우리가 주목해야 할 것은 그들이 '하나님이 우리를 풀무불 가운데서 건지실지도(would) 모릅니다.'라고 말하지 않고 "능히(able) 건져내시겠고"(단 3:17)라고 말했다는 점입니다.

그들은 하나님이 그들을 불 속에서 건져내시리라는 것을 조금도 의심하지 않았습니다. 물론 느부갓네살이 자신의 위협을 실행에 옮길 가능성이 있다는 사실도 의심하지 않았습니다. 그럼에도 불구하고 왕의 회유에 의해 그들의 태도를 바꾸지 않았던 것입니다.

"그렇게 하지 아니하실지라도"(단 3:18)

이 말은 '하나님이 교훈을 주시기 위해 우리에게 고통당함을 허락하시더라도 결코 우리 마음을 바꾸지' 않겠다는 것을 의미합니다. 그래서 이렇게 말한 것입니다.

"왕의 신들을 섬기지도 아니하고 왕이 세우신 금 신상에게

그들은 바벨론 왕의 알현을 넘어 죽음을 통해 '왕 중의 왕'을 알현하는 자리에 이르는 것을 조금도 두려워하지 않았습니다.

그들은 그만큼 큰 용기를 지니고 있었습니다. 오늘날 우리 주위에서도 이런 믿음을 가진 사람들을 찾아볼 수 있다면 얼마나 좋을까요?

다니엘의 세 친구는 얼마나 변치 않는 믿음을 가지고 있습니까! 그런 용기를 주신 하나님께 감사합시다. 그런 용기와 담대함을 그들에게 허락하신 하나님께 감사드립시다!

비록 소수에 지나지 않지만 이와 같이 하나님을 위해 담대하고 두려움 없이 행할 수 있는 사람들이야말로 '세상을 놀랍게 변화시키는 사람'인 것입니다.

현대인들은 그들을 현실에 어둡고 환상 속에 사는 사람들이라고 여기고 이렇게 조언할 것입니다.

'진심은 아니지만 겉으로라도 금 신상에게 절하는 흉내라도 내는 게 어떠냐?'

하지만 그들은 '절하는 시늉만 내는 것'조차 싫어했습니다. 그들은 "악은 어떤 모양이라도 버리라"(살전 5:22)고 결심한 사람들이었습니다.

69

왕은 분이 가득하여 사시나무처럼 떨며 안색이 죽은 자처럼 창백해졌습니다. 그리고는 이렇게 반문했습니다.

'뭐라고? 너희가 감히 이 위대한 왕의 명령을 거역하는 것이냐?'

그래서 왕은 "그 풀무불을 뜨겁게 하기를 평소보다 칠 배나 뜨겁게 하라"(단 3:19)고 명하는 한편, 군대 중 용사 몇 사람에게 명령하여 사드락과 메삭과 아벳느고를 결박하여 극렬히 타는 풀무불 가운데에 던지게 하였습니다.

그러자 그 세 사람을 "겉옷과 속옷과 모자와 다른 옷을 입은 채 결박하여 맹렬히 타는 풀무불 가운데에 던졌습니다"(단 3:21). 그들은 즉시로 왕의 명령에 따라 결박당한 채 맹렬히 타는 풀무불 가운데 던져졌습니다. 풀무불이 너무 뜨거워서 사드락과 메삭과 아벳느고를 붙든 사람들이 불에 타 죽었습니다.[03]

그 세 친구는 결박된 채 불 속에 던져졌습니다. 그들이 살아날 가망은 조금도 없어 보였습니다. 느부갓네살 왕은 보좌에 앉아 그 반역자들이 불에 타 죽는 것을 보려했습니다.

그러나 자신이 당한 모욕을 갚을 수 있으리라고 기대하며 불을 주시하고 있던 느부갓네살 왕은 불꽃 가운데 이리저리 걷고 있는 사람들을 보고 깜짝 놀랐습니다. 그들은 잔잔한 물가나 푸른 풀밭 가운데 있는 것처럼 유유자적하며 걷고 있었습니다. 그들을 묶은 줄이 불에 탔다는 것 외에는 불에 던지기 전과 조금도 다름없는 모습이었습니다.

여기서 우리가 깨달아야 할 것이 있습니다.

기껏해야 사탄이 불태울 수 있었던 것은 하나님의 자녀를 속박하고 있는 끈에 지나지 않았다는 것입니다. 그리스도께서 우리와 함께 계시면 아무리 혹독한 고난이라 하더라도 우리로 하여금 이 세상의 속박에서 벗어나 더 높이 날 수 있는 자유를 누릴 수 있게 만들뿐입니다.

03　거대한 용광로의 원료 주입구 주변에서 작업하는 사람은 용광로의 공기가 부족하여 생긴 진공 상태의 공간으로 공기가 몰려들 때 엄청난 대기의 압력을 느낀다. 또한 용광로 문이 열릴 때 그 주입구 주변에 있으면 몸이 그 쪽으로 빨려 들어가는 현상을 체험할 수 있다. 이런 사람들은 풀무불에 접근하는 것이 얼마나 위험하다는 것을 잘 안다. 느부갓네살 왕의 용사들이 불로 끌어들이는 힘이 작용하는 자리까지 접근했다면 그들이 불꽃 속으로 빨려 들어갔으리라는 것을 쉽게 알 수 있다.

불 가운데의 네 사람

느부갓네살 왕은 놀라운 장면을 보았습니다. 분명히 세 사람을 불 속에 던져 넣었는데 네 사람이 맹렬히 타오르는 불꽃 가운데 걷고 있는 모습을 보았던 것입니다. 어떻게 이런 일이 일어날 수 있을까요?

목자장이신 주님이 고통 중에 있는 그분의 양들을 보시고 하늘로부터 내려와 풀무불 가운데로 친히 들어가신 것입니다. 느부갓네살 왕이 본 네 번째 사람으로 내려오신 것입니다.

"우리가 결박하여 불 가운데에 던진 자는 세 사람이 아니었느냐 하니 그들이 왕에게 대답하여 이르되 왕이여 옳소이다 하더라 왕이 또 말하여 이르되 내가 보니 결박되지 아니한 네 사람이 불 가운데로 다니는데 상하지도 아니하였고 그 넷째의 모양은 신들의 아들과 같도다 하고"(단 3:24, 25)

용기를 내어 옳은 일을 하라

물론 여기서 말하는 네 번째 사람은 바로 하나님의 아들이십니다.[04]

양무리의 목자장이신 주님이 진실한 주의 종들이 위험에 처한 것을 보시고 아버지의 품으로부터 내려와 그들과 함께 하신 것입니다. 놀라운 사실은 주님이 자신에게 충성했다는 이유로 신실한 종들이 불에 타 죽게 된 것을 처음부터 쭉 지켜보고 계셨던 것입니다.

이처럼 하나님의 신실한 자녀들을 불쌍히 여기시는 그분의 부드러운 눈은 주님에게 충성했다는 이유로 죽게 된 사람들을 한 사람도 놓치지 않고 지켜보고 있습니다.

주님은 영광스런 하늘 보좌로부터 풀무불 속으로 단숨에 내려오셔서 불꽃이 그들에게 미치기 직전에 그들과 함께 하

04　네 번째 사람은 두 천사와 함께 아브라함을 방문하셨고, 야곱과 함께 얍복강가에서 씨름하셨던 예수 그리스도이십니다. 이것은 거의 모든 말씀의 종들이 인정하는 사실입니다. 원문에는 정관사가 없어 이 부분을 원문대로 읽자면, "신들(삼위일체 하나님을 가리킴 - 역자 주)의 유일한 아들과 같도다(like a son of Gods)가 됩니다.

셨습니다. 그들을 둘러 싼 불꽃이 그들을 향해 타 들어올 때 주님은 자신의 종들과 함께 계셨습니다. 그 결과로 그들은 몸을 해하지도 않고 머리털도 그을리지 아니하고 겉옷 빛도 변하지 않았을 뿐 아니라 불탄 냄새도 나지 않을 수 있었습니다.

우리는 이 말씀을 읽으면서 그들이 부르는 이러한 노래를 들을 수 있습니다.

> "네가 물 가운데로 지날 때에 내가 너와 함께 할 것이라 강을 건널 때에 물이 너를 침몰하지 못할 것이며 네가 불 가운데로 지날 때에 타지도 아니할 것이요 불꽃아 너를 사르지도 못하리니"(사 43:2)

하나님은 우리가 물 가운데로 지날 때 우리를 지켜주십니다. 불 가운데로 지날 때에도 그 불꽃으로부터 우리를 지켜주십니다. 우리가 하나님 편에 서기만 하면 하나님은 언제 어디서나 그리고 어떤 상황에서나 우리를 돌보아 주십니다. 우리가 하나님을 향해 믿음을 지키면 하나님은 항상 우리를 돌보실 것이라는 말입니다. 젊은이들이여, 하나님을 영화롭게 하십시오. 그러면 하나님께서 여러분을 영예롭게 하실 것입니다.

우리가 해야 할 일은 하나님 편에 서는 것입니다. 온 세상에 맞서는 한이 있더라도 하나님 편에 서십시오. 용기를 내어 옳은 일을 하십시오. 용기를 내어 참되고 정직하게 사십시오. 그리고 결과는 하나님께 맡기십시오. 물론 여러분의 고용주가 요구하는 것을 거부하고 여러분의 양심에 따라 행한다면 직장에서 지위를 잃을 수도 있습니다. 그럼에도 여러분의 믿음을 저버리기보다는 차라리 지위를 잃는 쪽을 택하십시오.

여러분의 사장이 거짓 설명을 하고 남을 속이고 등쳐서라도 상품을 팔라고 요구한다면 기꺼이 여러분의 직장을 떠나십시오. 그리고 이렇게 말하십시오.

'제 믿음에 따라 살 수 없다면 차라리 거지가 되어 가난하게 살다가 죽는 편을 택하겠습니다.'

바로 이것이 하나님이 우리에게 원하시는 믿음의 고백입니다. 다니엘의 세 친구는 하나님이 그들과 함께 계시므로 죽음까지 무릅쓸 수 있었습니다.

주 안의 형제자매들이여, 우리도 그들과 같은 용기를 가진 그리스도인이 되기를 원합니다. 세상이 말하거나 생각하는 것을 마음에 두기보다는 옳은 편을 택할 준비가 된 사람들이 되기를 원한다는 말입니다.

하나님의 구원

"느부갓네살이 맹렬히 타는 풀무불 아귀 가까이 가서 불러
이르되 지극히 높으신 하나님의 종 사드락, 메삭, 아벳느고야
나와서 이리로 오라 하매"(단 3:26)

그들은 조금도 불에 상하지 않은 채 불 가운데서 걸어 나왔습니다. 그들은 믿음의 거인처럼 걸어 나왔습니다. 그곳에 있던 총독과 지사와 행정관과 왕의 모든 모사들이 한 번도 듣고 본 적이 없는 이 놀라운 광경을 보기 위해 그 세 사람 주변으로 몰려들었습니다.

그들의 겉옷은 조금도 불에 탄 흔적이 없었고 그들의 머리털도 조금도 그을리지 않았습니다. 하나님께서 그들의 '머리털까지'(마 10:3)도 지키신다는 약속을 지키신 것입니다.

느부갓네살 왕은 하나님의 권위에 도전했지만 오히려 하나님의 권위에 의해 정복당하고 말았습니다. 하나님은 그분의 종들을 왕의 손으로부터 '능히' 구원할 수 있는 분이라는 것을 입증하셨습니다. 느부갓네살 왕은 자신의 패배를 인정

무디가 전하는 **다니엘의 신앙 맥 잡기**

했습니다. 그리고 이와 같은 조서를 내렸습니다.

> "각 백성과 각 나라와 각 언어를 말하는 자가 모두 사드락
> 과 메삭과 아벳느고의 하나님께 경솔히 말하거든 그 몸을 쪼
> 개고 그 집을 거름터로 삼을 지니 이는 이같이 사람을 구원할
> 다른 신이 없음이니라"(단 3:29)

그리고 그 세 사람에게 더 높은 지위를 주어 지방을 다스리게 함으로써 그들을 영예롭게 하였습니다. 그들이 하나님의 편에 섰기 때문에 하나님께서 그들을 높이신 것입니다. 하나님은 우리가 옳은 일을 행하되 그것이 유행하는 일이기 때문이 아니라 옳은 일이기 때문에 행하기를 원하십니다. 비록 겉으로는 죽을 것 같아 보일지라도 옳은 일을 행하십시오. 우리가 하나님 편에 굳게 선다면 하나님은 언제나 가장 좋은 것으로 우리에게 채우실 것입니다.

이것이 다니엘의 세 친구에 관한 마지막 이야기입니다. 하나님은 하나님의 영광을 드러내도록 그들을 바벨론으로 보내셨고, 그들은 하나님의 기대에 어긋나지 않게 하나님께 영광을 돌리는 삶을 살았습니다.

Part 04

느부갓네살의
두 번째 꿈

느부갓네살의 두 번째 꿈

"한 꿈을 꾸고 그로 말미암아 두려워하였으니 곧 내 침상
에서 생각하는 것과 머릿속으로 받은 환상으로 말미암아 번
민하였었노라"(단 4:5)

그로부터 얼마 지나지 않아서 느부갓네살은 또 다른 꿈을
꾸었습니다. 하지만 이번에는 자신이 꾼 꿈을 하나도 잊지 않
고 기억했습니다. 그 꿈이 생생하게 마음에 남아있었던 것입
니다. 그래서 그는 박사와 술객, 갈대아 술사, 점쟁이들을 불
러 꿈을 해몽할 수 있도록 자신이 꾼 꿈의 내용을 자세하게
들려주었습니다. 하지만 그들은 왕의 이야기를 듣고 모두 당
황하고 말았습니다. 도저히 해몽할 길이 없었기 때문입니다.

지난번에는 왕의 꿈을 해몽할 수 없어서 꿀 먹은 벙어리처
럼 입을 다물 수밖에 없었던 그들이 이번에는 왕이 꿈의 내
용을 들려주는 데도 침묵할 수밖에 없었습니다. 왕이 꾼 꿈
에는 그들의 입을 다물게 하는 무엇인가가 있었습니다. 그래
서 그들은 평소처럼 그럴듯한 해몽을 늘어놓을 수가 없었습

니다.[05]

이번에도 왕이 꾼 꿈에는 그러한 해몽이 소용이 없었던 것입니다. 그래서 그들의 마음은 조마조마해 졌습니다.

05 　**역자 주** 현대의 고고학적 연구에 의하면 그들은 역대 왕들의 해몽 자료를 모아놓은 일종의 '해몽 사전을 가지고 있었음

Part 4 – **느부갓네살의 두 번째 꿈**

21

두 번째 환상

느부갓네살 왕은 자신의 첫 번째 꿈을 해몽해 준 다니엘을 반쯤 잊고 지냈습니다. 그래서 그를 첫 번째로 부르지 않았습니다.

"그 후에 다니엘이 내 앞에 들어왔으니"(단 4:8)라는 말씀을 보면 그 사실을 알 수 있습니다. 그러고 나서 다니엘이 벨드사살이라는 갈대아 이름을 갖게 된 이유를 소개하며 이번에도 그가 자신의 꿈을 해몽해 줄 것이라는 확신을 가지고 꿈의 내용을 소개합니다.

"박수장 벨드사살아 네 안에는 거룩한 신들의 영이 있은 즉 어떤 은밀한 것이라도 네게는 어려울 것이 없는 줄을 내가 아노니 내 꿈에 본 환상의 해석을 내게 말하라 내가 침상에서 나의 머리 속으로 받은 환상이 이러하니라 내가 본즉 땅의 중앙에 한 나무가 있는 것을 보았는데 높이가 높더니 그 나무가 자라서 견고하여 지고 그 높이는 하늘에 닿았으니 그 모양이 땅 끝에서도 보이겠고 그 잎사귀는 아름답고 그 열매는 많아서 만민의 먹을 것이 될 만하고 들짐승이 그 그늘에 있으며 공중에 나는 새는 그 가지에 깃들이고 육체를 가진 모든 것이 거기에서 먹을 것을 얻더라 내가 침상에서 머리 속으로 받은 환상 가운데에 또 본즉 한 순찰자, 한 거룩한 자가 하늘에서 내려왔는데 그가 소리 질러 이처럼 이르기를 그 나무를 베고 그 가지를 자르고 그 잎사귀를 떨고 그 열매를 해치고 짐승들을 그 아래에서 떠나게 하고 새들을 그 가지에서 쫓아내라 그러나 그 뿌리의 그루터기를 땅에 남겨 두고 쇠와 놋줄로 동이고 그것을 들풀 가운데에 두어라 그것이 하늘 이슬에 젖고 땅의 풀 가운데에서 짐승과 더불어 제 몫을 얻으리라 또 그 마음은 변하여 사람의 마음 같지 아니하고 짐승의 마음을 받아 일곱 때를 지내리라 이는 순찰자들의 명령대로요 거룩한 자들의 말대로이니 지극히 높으신 이가 사람의 나라를 다스리시며 자기의 뜻대로 그것을 누구에게든지 주시며 또 지극히 천한 자를 그 위에 세우시는 줄을 사람들이 알게 하려 함이라 하였느니라 나 느부갓네살 왕이 이 꿈을 꾸었나니 너 벨드사살아 그 해석을 밝히 말하라 내 나라 모든 지혜자가 능히 내게 그 해석을 알게 하지 못하였으나 오직 너는 능히 하리니 이는 거룩한 신들의 영이 네 안에 있음이라”(단 4:9-18)

22

왕 앞에 선 다니엘

다니엘은 얼마동안 미동도 하지 않은 채 그 자리에 서 있었습니다. 무엇이 그의 마음으로 하여금 해몽을 하지 못하게 한 것일까요?

성경은 단지 이렇게 기록하고 있습니다.

"한동안 놀라며 마음으로 번민하는지라"(단 4:19)

그는 왕이 꾼 꿈이 무엇을 의미하는지를 알았던 것입니다. 그것은 왕이 무서운 고난을 겪고 그 나라의 왕위가 적어도 일곱 해 동안은 다른 사람의 손에 넘어가리라는 것을 의미하는 꿈이었습니다.

그 꿈에 대한 해몽이 그의 입술을 통해 쏟아져 나오려 했지만, 다니엘은 입을 굳게 다물었습니다. 왕이 왕위를 잃고 정신을 잃은 채 이리저리 떠돌아다니며 소처럼 풀을 먹게 되리라는 것을 왕에게 들려주고 싶지 않았던 것입니다. 그 모습을 본 왕도 자신의 호기심을 충족시키려다가 오히려 불길한 예언을 들을까봐 주저했습니다. 가장 나쁜 말을 들을까봐 겁을 내며 다니엘이 아는 모든 것에 대해 좋은 말을 해 주기를 기대했습니다. 이윽고 다니엘이 침묵을 깼습니다.

다니엘은 겉치레 말을 생략한 채 본격적으로 꿈을 풀이하기에 앞서 왕에게 공의를 행하라고 권했습니다. 그가 들려준 꿈 풀이는 한편의 설교이기도 했습니다.

> "그런즉 왕이여 내가 아뢰는 것을 받으시고 공의를 행함으
> 로 죄를 사하고 가난한 자를 긍휼히 여김으로 죄악을 사하소
> 서 그리하시면 왕의 평안함이 혹시 장구하리이다"(단 4:27)

어쩌면 다니엘은 자신의 해몽을 듣고 두려워 할 왕을 격려하기 위해 200년도 더 넘은 옛날에 일어난 일을 들려주었을지도 모릅니다. 니느웨의 왕이 요나의 설교를 듣고 회개한 사건 말입니다. 그러고 나서 그는 왕이 꾼 꿈의 의미를 해몽하기 시작했습니다.

꿈속에 나타난 크고 높이가 높은 나무는 바로 느부갓네살 왕 자신을 상징하며 그 나무가 베여 사라진 것은 그가 권좌에서 쫓겨나 권위를 잃고, 사람들에게서 쫓겨나 들짐승 가운데에 거하는 것을 의미한다고 일러주었습니다. 그러나 하늘의 순찰자가 그 나무와 그루터기를 남겨 둔 것처럼 결국 왕이 권위를 되찾을 것이라는 이야기도 빠뜨리지 않았습니다.

23

나라의 왕위가 네게서 떠나리라

하지만 느부갓네살 왕은 다니엘의 경고를 듣고도 회개하지 않았습니다. 회개를 다음으로 미루었거나 예고된 재앙을 잊으려 했기 때문이었을지도 모릅니다. 그로부터 12개월이 지난 후, 왕은 예언의 경고를 까맣게 잊은 채 교만으로 가득 찬 마음을 갖고 왕궁 위에 마련된 정원을 거닐고 있었습니다. 그는 드넓은 바벨론 도성과 특히 세계 7대 불가사의 가운데 하나로 여겨지던 공중 정원을 자랑스럽게 바라보며 스스로 이렇게 말했습니다.

"이 큰 바벨론은 내가 능력과 권세로 건설하여 나의 도성으로 삼고 이것으로 나의 영광을 나타낸 것이 아니냐"(단 4:30)

그 말이 채 끝나기도 전에 하늘로부터 이런 소리가 들여왔습니다.

"느부갓네살 왕아 네게 말하노니 나라의 왕위가 네게서 떠났느니라"(단 4:31)

그리고 즉시로 하나님의 손길이 그의 이성을 쳤습니다. 정신을 잃어버린 그는 왕좌에서 쫓겨난 것은 물론이고 사람에게서도 쫓겨나 들짐승과 함께 살며 소처럼 풀을 먹고 몸이 하늘 이슬에 젖게 되었습니다. 세상에서 가장 위대한 나라의 왕이 완전히 미쳐버린 것입니다.

오늘날의 세상도 미친 세상이 되고 말았습니다. 그것을 증명하는 데는 15분도 걸리지 않습니다. 세상은 물론이고 자신을 그리스도인이라고 고백하는 수많은 사람들까지도 정신이 나간 행동을 할 때가 한 두 번이 아닙니다.

여러분은 모든 것이 자신의 힘으로 된 것처럼 생각하고 말하고 있지는 않습니까?

하나님의 도우심을 까맣게 잊어버리고 있지는 않느냐는 말입니다. 현대인은 하나님이 우리를 긍휼히 여기셔서 보내신 모든 경고를 가벼이 여기고 있지 않습니까?

그렇습니다. 수많은 사람들이 이미 미쳤거나 미쳐가고 있는 중이라는 것을 누구도 부인할 수 없을 것입니다.

24

느부갓네살의 회개

그러나 느부갓네살이 왕위를 되찾을 가능성이 완전히 사라진 것은 아니었습니다. 왜냐하면 "일곱 때를 지낼 것이라"(단 4:25)는 다니엘의 예언대로 왕의 총명이 다시 돌아와 왕좌와 권위를 되찾게 되었기 때문입니다. 그뿐 아니라 그의 모사들과 관원들도 그에게 찾아와 머리를 숙였습니다. 그의 권위가 회복된 것입니다. 이제 그는 과거와 전혀 다른 사람이 되었습니다. 왕의 총명이 회복되어 전과는 전혀 다른 정신을 소유하게 된 것입니다. 그래서 그는 이런 칙령을 내렸습니다.

"지금 나 느부갓네살은 하늘의 왕을 찬양하며 칭송하며 경배하노니 그의 일이 다 진실하고 그의 행하심이 의로우시므로 교만하게 행하는 자를 그가 능히 낮추심이라"(단 4:37)

이 말씀은 그가 진정으로 회개했다는 것을 보여줄 뿐 아니라, 다니엘이 그를 하나님께로 인도했다는 사실을 보여주고 있습니다.

하나님을 찬양함

전과는 완전히 달라진 느부갓네살의 고백과 그 고백을 통해 그에게 일어난 변화를 확인하는 것은 매우 흥미로운 일입니다. 그는 이 고백을 통해 모든 백성이 반드시 해야 할 일로서 히브리인의 하나님을 섬기는 법을 제시합니다. 이제 그의 마지막 고백을 들어봅시다.

"그 기한이 차매 나 느부갓네살이 하늘을 우러러 보았더니 내 총명이 다시 내게로 돌아온지라 이에 내가 지극히 높으신 이에게 감사하며 영생하시는 이를 찬양하고 경배하였나니 그 권세는 영원한 권세요 그 나라는 대대에 이르리로다 땅의 모든 사람들을 없는 것 같이 여기시며 하늘의 군대에게든지 땅의 사람에게든지 그는 자기 뜻대로 행하시나니 그의 손을 금하든지 혹시 이르기를 네가 무엇을 하느냐고 할 자가 아무도 없도다 그 때에 내 총명이 내게로 돌아왔고 또 나의 모사들과 관원들이 내게 찾아오니 내가 내 나라에서 다시 세움을 받고 또 지극한 위세가 내게 더하였느니라 그러므로 지금 나 느부갓네살은 하늘의 왕을 찬양하며 칭송하며 경배하노니 그의 일이 다 진실하고 그의 행하심이 의로우시므로 교만하게 행

하는 자를 그가 능히 낮추심이라"(단 4:34-37)

하나님을 찬양할 줄 안다는 것은 매우 좋은 일입니다. 느부갓네살 왕은 새로 내린 칙령에서 백성들이 하나님께 행해야 할 의무를 언급한 반면 왕 자신이 해야 할 일에 대해서는 전혀 언급하지 않고 있습니다.

여기서 우리가 알아야 할 점이 있습니다. 우리는 공동체 속에서는 물론이고 개인적으로도 하나님을 사랑하며 그분을 찬양할 수 있어야 한다는 것입니다. 그것은 오늘날의 교회도 마찬가지입니다.

이 사건을 마지막으로 느부갓네살은 역사의 무대에서 사라졌습니다. 그러나 한 가지 분명한 사실이 있습니다. 그의 회개는 고린도교회 성도들의 회개처럼 **"후회할 것이 없는 구원에 이르게 하는 회개"**(고후 7:10)였다는 것입니다.

그러므로 그는 지금 포로였던 다니엘과 함께 손을 잡고 바벨론에서 일어난 옛날 일들을 서로 이야기하면서 수정으로 만든 천국 길을 거닐고 있을 것입니다.

만일 다니엘이 우유부단한 성격이었거나 가냘프게 자라온 인물이었다면 바람이 불 때마다 흔들려 결코 거대한 참나무처럼 그 도성에서 버틸 수 없었을 것입니다. 그러면 이 강한 나라를 하나님께로 인도한 능력은 어디에서 비롯되었을까요? 다니엘의 설득력 때문이었을까요? 물론 그렇지 않습니다. 그것은 다니엘이 이교도의 도성으로 끌려와 살면서도 언제나 그의 하나님 곧 성경의 하나님 편에 굳게 섰기 때문에, 하나님께서 그를 높이심으로써 그 나라를 다스릴 수 있게 하셨기 때문에 가능한 일이었습니다. 그러므로 다니엘의 믿음과 사랑이 느부갓네살 왕을 하나님께로 인도했다고 말하는 것이 올바른 답이 될 것입니다.

주님의 섬김

- 에바 크래버스 풀

예수님의 섬김! 오, 사랑의 섬김이여!
나를 위한 그 섬김에는 끝이 없네!
기쁨과 가장 완전함으로 가득한
영원한 주님의 섬김은 그처럼 즐거운 자유!

예수님의 섬김! 오, 능력의 섬김이여!
주님의 영광과 이름을 함께 찬양하세!
주님이 베푸시는 가장 놀라운 축복들은
그분의 이름을 높이는 종에게 주어지는 것!

예수님의 섬김! 오, 기쁨이 넘치는 섬김이여!
우리의 마음은 사랑의 강이 되어 흐르나니,
삶의 비밀과 즐거움은
위로부터 주어질 지상의 기쁨!

예수님의 섬김! 오, 찬양의 섬김이여!
구속받은 자가 부를 수 있는 기쁨의 노래를
매일 매시간 소리 높여 찬양하세!
우리 구주를 찬송하고 우리 왕을 찬미하세!

Part 05

벽에 쓰인 글자

벽에 쓰인 글자

"벨사살 왕이 그의 귀족 천 명을 위하여 큰 잔치를 베풀고
그 천 명 앞에서 술을 마시니라"(단 5:1)

우리는 다니엘서 5장에서 20여년 만에 다시 다니엘에 관한 이야기를 듣게 됩니다. 그는 오랫동안 모든 직위에서 물러났다가 이 이야기 속에 등장하기 얼마 전에 다시 바벨론 조정에서 일하게 된 것으로 보입니다. 물론 전보다 훨씬 낮은 지위에서 일하게 된 것이 분명합니다. 그를 귀히 여기던 느부갓네살 왕이 세상을 떠난 이후로 많은 시간이 지났을 뿐 아니라, 지금은 그를 알지 못하는 벨사살이라는 젊은이가 그의 아버지와 함께 공동 섭정왕이 되어 바벨론을 다스리고 있었기 때문입니다.[06]

06　많은 학자들은 벨사살 왕이 그의 부친 나보니두스와 공동으로 나라를 섭정하고 있었다고 보고 있다. 그것은 오래 전에 느부갓네살 왕이 그의 부친과 함께 나라를 다스렸던 것과 같다. 벨사살 왕의 부친인 나보니두스는 고레스와 싸우기 직전에 보르시파에 피신해 있었다. 그로 인해 벨사살은 그의 아버지를 대신하여 나라를 다스렸다. 하지만 강대한 적을 문 밖에 두고 그의 부친이 포위된 요새에 갇혀 있는 상태 속에서 성대한 주연酒宴이라니! 근세 역사에서 이와 유사한 사건을 들자면 멧츠(metz)의 임명과 동시에 파리가 포위된 사건을 들 수 있겠다. 여기서 잠시 느부갓네살 시대로 돌아가서 그가 단독으로 나라를 다스리기 전에 그의 아버지와 함께 공동으로 나라를 이끌었다는 사실은 다니엘서 2장에 나타난 연대 상의 문제를 해결해 준다. 예를 들어 느부갓네살이 예루살렘을 1차 침입했을 때 성경은 그를 바벨론의 왕이라고 기록하고 있다(단 1:1, 왕하 24:1, 대하 36:6). 그는 예루살렘을 함락시킨 후 다니엘과 그 친구들을 포로로 삼아 바벨론으로 돌아갔다. 그러고 나서 그들은 선발하여 3년 동안 교육과 훈련을 시킨다. 3년이 지나자 그들은 박수, 또는 지혜자의 반열에 오르게 된다(단 1:5, 18, 2:13 참조). 이와 같이 예루살렘을 함락한 지 3-4년이 지나갔건만, 느부갓네살이 첫 번째 꿈을 꾸었을 때를 그가 다스린 지 "2년이 되는 해"라고 다니엘서 2장 1절에 기록하고 있다. 얼핏 보기에 그것은 잘못된 기록으로 보인다. 하지만 여기서 말하는 2년이란 그의 아버지가 죽은 지 2년이 지났다는 것을 의미한다. 그러니까 느부갓네살이 단독으로 나라를 다스린 지 2년째 되는 해라고 생각하면 된다. 영국의 예를 들자면 섭정이면서도, 왕이라는 칭호를 제외하고는 왕에게 따르는 막대한 권력을 모두 행사한 조지 3세를 들 수 있다. 비록 완전히 같은 예는 아니지만 느부갓네살과 벨사살도 이와 같은 상태에 있었다는 것을 알 수 있다.

97

큰 잔치

이 젊은 통치자는 "그의 귀족 천 명을 위하여 큰 잔치를 베풀고 그 천 명 앞에서 술을"(단 5:1) 마셨습니다.

벨사살 왕은 성경에 잠깐 밖에 등장하지 않습니다.

이 잔치 장면이 그에 대한 첫 번째 이야기이자 동시에 마지막 이야기입니다. 그 잔치가 얼마나 오래 지속되었는지는 알 길이 없지만, 그 당시 동양에서는 잔치가 여러 날 동안 이어지는 것이 보통이었습니다. 그 예로 유대인들은 7일 동안 잔치하는 것을 보통으로 여겼고, 때로는 그 기간이 두 배로 늘어나 14일 동안이나 잔치를 벌이는 경우도 있었습니다. 왕이연 잔치는 그야말로 큰 잔치였습니다.

왕은 주연을 베풀어 총독과 수령과 행정관과 바벨론의 권력자들과 왕후들과 후궁들과 함께 술을 마시며 떠드는 가운데, "금, 은, 구리, 쇠, 나무, 돌로 만든 신들을 찬양"(단 5:4) 했습니다.

그것은 오늘날에도 흔히 볼 수 있는 일로서 사람들이 이 세상의 신에게 무릎 꿇고 비는 행위와 조금도 다르지 않습니다.

　페르샤 제국의 고레스 왕은 마치 느부갓네살 왕이 예루살렘을 포위했던 것처럼 그 성을 완전히 둘러싸고 있었습니다. 그런데도 벨사살 왕은 바벨론 도성을 둘러싸고 있는 매우 높고 단단한 성벽 덕분에 자신이 안전하다고 생각하고 있었지만 그것은 착각에 지나지 않습니다.

99

"사람의 손가락들"

그 주연에 참여한 사람들은 시간이 지나자 점점 대담하고 방자해졌습니다. 그래서 느부갓네살 왕 때 나타났던 하나님의 권능을 까맣게 잊어버리고 술에 취하여 교만으로 가득 찬 나머지 예루살렘 성전에서 탈취해 온 금 그릇에 그들의 부정한 손을 대었습니다. 그 거룩한 잔으로 술을 따라 마신 것입니다.

거기서 멈추지 않고 그들은 금, 은, 구리, 쇠, 나무, 돌로 만든 우상을 찬양했습니다. 그 순간에 그들은 이스라엘의 하나님을 조롱거리로 만들었다고 생각했을 것입니다.

우리는 여기서 그들이 참람한 말로 하나님의 거룩한 이름을 모독하는 장면을 얼마든지 상상할 수 있습니다. 그들은 그야말로 맘껏 즐거워하고 떠들며 그 분위기를 즐겼을 것입니다.

그러나 보십시오. 갑자기 그 방자한 왕이 무엇인가를 보고 크게 충격을 받았습니다. 안색이 변하여 죽은 자처럼 창백하게 되었을 뿐 아니라 손에 들고 있던 술잔까지 떨어뜨렸습니다. 그리고는 무릎을 사시나무처럼 떨고 있었습니다. 벨사살 왕은 머리부터 발끝까지 두려움에 사로잡힌 것입니다. 그곳에 있던 사람들은 그런 왕의 모습을 보고 놀라는 대신 그가 술에 너무 취했다고 생각하며 그를 부축했습니다.

왕이 놀라 두려움에 사로잡힌 것은 밝은 빛 가운데 난생 처음 보는 알 수 없는 글자들이 벽에 쓰이고 있었기 때문입니다. 성경은 그 부분을 이렇게 기록하고 있습니다.

"그 때에 사람의 손가락들이 나타나서 왕궁 촛대 맞은편 석회벽에 글자를 쓰는데 왕이 그 글자 쓰는 손가락을 본지라"(단 5:5)

촛대 맞은 편[07] 석회벽에서[08] 벨사살 왕은 생전 처음 보는 글자를 보았던 것입니다. 술을 마셨음에도 불구하고 벽에 쓰인 그 이상한 단어들을 또렷이 볼 수 있었습니다.

---

07   어떤 성경 연구가는 이렇게 말한다. "손가락들이 나타나서 왕궁 촛대 맞은편 석회벽에 글자를 쓰는데"에서 말하는 촛대란 솔로몬이 만들어 성전에서 사용하던 금 촛대를 가리킨다. 그 촛대는 이스라엘에 대한 승리와 조롱의 상징으로서 그곳에 놓여 있었다. 로마시대에는 그 모조품을 만들어 전시함으로써 승리를 상징했는데, 오늘날에도 로마에 가면 볼 수 있는 '디도 장군의 개선을 기념하는 문(Arch of Titus)' 위에 부조로 새겨져 있다. - "정치가이자 선지자인 다니엘" 160쪽에서 인용.

08   그 글씨는 금 촛대 맞은편에 있던 석회벽에 나타났는데 이것은 당시에 유행하던 양식으로서 근세에 들어와서도 니느웨 궁의 유적에서 발견된다. 레이어드(Mr. Layard)씨가 앗수르 유적을 그린 훌륭한 작품들을 본 사람들은 당시에는 그처럼 높은 부분에 이르기까지 정교하게 장식하는 풍조가 유행했다는 것을 알 수 있다. - 위의 책 160쪽

여기서 한 가지 의문이 생깁니다. 과연 왕궁 벽에 쓰여진 글자는 누구의 것이었을까요?

시내산에서 받은 십계명 돌판을 쓰신 하나님의 작품이었을까요? 아니면 하나님의 명령을 수행하는 천사들의 작품이었을까요?

"사람의 손가락들"라는 표현을 보면 후자를 의미하는 것으로 보입니다.

무디가 전하는 **다니엘의 신앙 맥 잡기**

28

벽에 쓰인 글자

왕은 크게 소리 질러 술객과 갈대아 술사와 점쟁이를 부르라고 명을 내렸습니다. 그들이 떼를 지어 들어오자 왕은 이렇게 말합니다.

"누구를 막론하고 이 글자를 읽고 그 해석을 내게 보이면 자주색 옷을 입히고 금사슬을 그의 목에 걸어 주리니 그를 나라의 셋째 통치자[09]로 삼으리라"(단 5:7)

한 사람씩 그 글자를 읽어보려 했지만, 그들은 한 자도 읽을 수가 없었습니다. 그들은 모두 당대 최고의 수준을 자랑하던 갈대아 학문에 정통한 자들이었지만 그 이상한 글자로 인해 당황하게 되었습니다.

당대의 최고의 학자들이 그 글자를 전혀 해독할 수 없었다는 것입니다.

---

09   '셋째 통치자'란 벨사살의 부친인 나보니두스가 첫 번째이고, 공동왕인 벨사살이 두 번째이고, 벽에 쓴 글씨를 해석하는 사람이 셋째 통치자가 되리라는 것을 의미한다.

여기서 우리가 알아야 할 사실이 있습니다.

거듭나지 못한 사람은 그 누구도 성경을 이해할 수 없다는 것입니다. 그러므로 그들이 하나님이 벽에 쓰신 글자를 깨닫거나 이해할 수 없는 것은 결코 이상한 일이 아닙니다. 성경이나 하나님이 쓰신 글자를 이해하려면 성령으로 거듭난 사람이라야 합니다. 할례 받지 않은 자의 눈으로는 결코 그 말씀을 이해할 수 없기 때문입니다.

왕비가[10] 그 소식을 듣고 왕에게 조언하기 위해 잔치하는 곳으로 들어왔습니다. 그는 왕에게 "만수무강 하옵소서 왕의 생각을 번민하게 하지 말며 얼굴빛을 변할 것도 아니니이다"(단 5:10)라고 인사하고 나서, 그 글자를 능히 읽고 그 의미를 풀이해 줄 수 있는 사람이 있다는 반가운 소식을 들려줍니다. 그는 느부갓네살 왕 때에 섬기던 신하 다니엘로서 "명철과 총명과 지혜가 신들의 지혜와 같은 자"(단 5:11)이니 그를 부르라고 왕에게 권했습니다.

---

10   왕비가 하는 말을 볼 때 그러한 조언은 태후로부터 나온 것이 분명하다.

29

명백한 말씀

그런데 벨사살 왕이 그처럼 유명한 다니엘을 모르고 있었던 이유는 무엇일까요? 느부갓네살 왕이 죽은 후에 관직에서 물러난 다니엘이 그동안 사람들의 관심에서 멀어져 있었기 때문입니다.

오늘날의 표현을 빌자면 사람들의 '관심 밖에 있었기' 때문이라고 말할 수 있습니다.

갈대아의 술객과 술사들이 그 글을 읽는데 실패하자 다니엘이 그 글자를 읽고 해석하기 위해 바벨론 통치자 앞에 세 번째로 서게 됩니다. 다니엘은 잔치 자리에 들어와 벽에 쓰인 글자를 보고 깜짝 놀랐습니다. 그 글의 내용을 모두 알았기 때문이었습니다.

왕은 다니엘이 그 해석을 알려 주면 나라의 셋째 통치자로 삼겠다고 약속합니다. 그러나 다니엘은 그 제안에 조금도 솔깃해 하지 않고 이렇게 말합니다.

"왕의 예물은 왕이 친히 가지시며 왕의 상급도 다른 사람

에게 주옵소서 그럴지라도 내가 왕을 위하여 이 글을 읽으며
그 해석을 아뢰리이다"(단 5:17)

다니엘은 벽에 쓰인 글자를 읽고 해석하기 전에, 그가 왕에게 들려주고 싶었던 이야기를 먼저 들려주었습니다. 왕에게 경고할 기회를 얻기 위해 오랫동안 기도해 오다가 이제 그 기회를 얻자 많은 귀빈들이 그곳에 있음에도 불구하고 그 기회를 놓치지 않기로 결심한 것입니다. 그래서 그는 느부갓네살 왕에게 일어난 사건으로부터 배워야할 교훈을 왕에게 소개합니다.

"그(느부갓네살)가 마음이 높아지며 완악하여 교만을 행함으로"(단 5:20)

왕위와 그의 영광을 빼앗기고 사람 중에서 쫓겨났다가 마침내 회개하고 지극히 높으신 하나님이 사람 나라를 다스리심을 깨닫게 되었다는 것을 일러주었습니다. 아울러 벨사살 왕의 회개를 촉구하며 이렇게 말합니다.

"벨사살이여 왕은 그의 아들이 되어서[11] 이것을 다 알고도 아직도 마음을 낮추지 아니하고 도리어 자신을 하늘의 주재보다 높이며"(단 5:22, 23)

그러고 나서 깜빡거리는 빛 가운데서 뚜렷이 보이는 그 신비로운 글자들을 바라보며 읽기 시작했습니다.

מְנֵא אֱנְמִ תְּקֵל וּפַרְסִין:(메네 메네 데겔 우바르신)

여기서 메네는 하나님이 이미 왕의 나라의 시대를 세어서 그것을 끝나게 하셨다 함이요 데겔은 왕을 저울에 달아 보니 부족함이 보였다는 뜻입니다. 우바르신[12]은 왕의 나라가 나뉘어서 메대와 바사 사람에게 내어준 바 되리라 라는 뜻입니다.

---

11   여기서 말하는 '아들'이란 여러 가지 사례에 비추어 볼 때 '손자'를 의미하며 '아버지'란 할아버지를 의미한다.

12   여기서 '바르신'이란 본래 파르신(pharsin)으로 페레스(peres)의 복수 형태이며, '우'(u)는 접속사로서 '그리고'를 뜻한다. - 앞에 책 171-172쪽

그날 밤에

바벨론의 멸망에 대한 예언은 그 날 밤에 모두 성취되었습니다. 우리가 알아야 할 것은 왕에게 주어진 두려운 경고는 모든 죄인들을 위한 경고라는 것입니다.

하나님이 그리스도를 믿지 않는 사람들을 달아보신다면 어떻게 될까요? 그들의 영혼이 어떻게 되겠느냐는 것입니다.

우리는 벨사살 왕의 최후를 보고 불신자를 주님께 인도해야 할 당위성에 대한 교훈을 얻어야 합니다.

파멸의 시간은 조금도 지체하지 않고 다가오고 있었습니다. 바벨론 성벽이 견고하기 때문에 자신은 절대로 안전하다고 벨사살 왕이 생각하고 있는 동안에 고레스 왕은 유브라데 강을 돌아 그 거대한 성의 배후에서 성벽을 넘어 군대를 침투시키고 있었습니다. 페르시아군은 성을 지키던 병사들을 기습한 후에 주연이 벌어지고 있는 왕궁으로 진격하여 벨사살 왕을 죽였습니다. 그의 피는 쏟아진 술과 함께 섞여 바닥을 흥건하게 적셨습니다.

그것이 벨사살 왕의 최후였습니다. 우리는 다니엘서 5장을 통해 그 젊은 왕의 모든 것을 알 수 있습니다. 그의 생애는 너무나 짧아 자신의 생의 절반도 채우지 못하고 죽임을 당했습니다. 그 젊은 왕이 경건하지 못하여 거룩한 다니엘의 경고를 무시했기 때문입니다.

그의 조부 느부갓네살의 조언자이자 친구였을 뿐 아니라 가장 신실하고 믿을만한 인물이었던 거룩한 다니엘을 멀리 했던 것입니다. 다니엘은 누구보다도 바벨론의 융성과 통합을 위해 힘쓴 인물인데도 말입니다.

죄인들이여, 이 말을 새겨들으십시오. 죽음과 지옥은 바로 여러분 앞에 있습니다. 한 밤중에 술에 취해 있던 자들을 살해한 자들의 칼만큼이나 여러분의 눈앞에 임박해 있다는 말입니다.

다리오 왕의 칙령

다리오 왕의 칙령

"왕에게 한 법률을 세우며 한 금령을 정하실 것을 구하나
이다 왕이여 그것은 곧 이제부터 삼십일 동안에 누구든지 왕
외의 어떤 신에게나 사람에게 무엇을 구하면 사자 굴에 던져
넣기로 한 것이니이다"(단 6:7)

바벨론 제국의 공격을 주도하던 다리오는 마침내 그 나라
를 함락시켰습니다. 하지만 세계를 정복한 것은 아닙니다. 그
래서 그는 왕위에 오르자마자 세계를 정복하기 위해 나라의
모든 문물과 제도를 정비합니다.

전국을 120도로 나누고 각 도에 고관을 세워 다스리게 했
습니다. 또 고관들이 왕에게 해를 입히거나 왕을 속이는 일이
없도록 감독하기 위해 세 총리를 세우고, 그 총리들 위에 다
니엘을 두어 다스리게 했습니다.

그것은 다리오 왕이 다니엘의 사람됨과 능력을 알고 있었
기 때문에 가능했습니다. 다니엘이 느부갓네살 왕 밑에서 일
을 했던 인물임에도 불구하고 다리오 왕은 그를 유능하고 충

성된 인물로 여겼던 것 같습니다.

　왕의 독자적인 판단에 의한 것이었든지, 혹은 소문을 통해서 알게 되었는지는 알 수 없지만 다니엘은 그런 일을 믿고 맡길 수 있는 유능한 인물이었습니다. 이제 다니엘은 다시 나라를 다스리는 일을 하게 되었습니다.

다니엘의 대적들

그는 다리오 왕 다음으로 높은 지위에 올랐기 때문에 전국을 다스릴 수 있었습니다. 굳이 비유하자면 독일의 비스마르크 총리와 영국의 글래드스톤 수상과 같은 총리가 된 것입니다. 그래서 모든 일은 그의 손을 거치게 되었습니다.

우리는 그가 얼마나 오랫동안 수석 총리직에 있었는지 알지 못합니다. 그러나 시간이 지나자 다른 총리들과 고관들은 점점 다니엘을 시기하여 그의 지위를 빼앗고자 동분서주했습니다. 그들은 아마 이렇게 말했을 것입니다.

'우리가 저 혼자 신성한 체 하는 이 히브리인을 쫓아내지 못한다면 우리는 그가 죽을 때까지 그 밑에서 종노릇할 수밖에 없을 거야.'

"아무 허물도 없음이었더라"

여러분이 알다시피 그는 충성되어 아무 그릇됨이 없고, 아무 허물도 없었기 때문에 그들은 다니엘을 고발할 수 있는 근거를 전혀 찾을 수가 없었습니다. 그렇게 많은 총리와 고관들이 있었지만 다니엘이 워낙 지혜롭게 감독한 까닭에 그들은 정해진 월급을 받는 것에 만족해야 했습니다. 그가 총리로 있는 동안에는 감히 나랏돈을 횡령할 엄두를 낼 수 없었던 것입니다. 그가 수석 총리였으므로 당연히 모든 세금 장부도 그의 손을 거쳐야 했을 것입니다.

그래서 그의 대적들은 한 통속이 되어 무슨 일이든 자기들끼리만 의논하기로 작정했습니다. 그래서 그들은 이렇게 말했을 것입니다.

'누구든지 다니엘이 하는 일에 찬성하지만 않는다면 우리 편이 될 수 있어. 누구나 바라듯이 돈을 많이 소유하거나 나랏일을 결정할 수 있는 권한을 가질 수만 있다면 모든 것을 우리 마음대로 주무를 수 있을 거야. 지금은 어쩔 수 없이 주어진 봉급에 만족해야 하지만 다니엘이 없을 경우에는 몇 년 만 지나면 사람들로부터 존경받을 수 있을 거야, 이렇게 3-4년만 지나면 아무리 갑자기 자리에서 쫓겨난다 해도 유브라데 강변에 좋은 별장 한 채쯤은 족히 마련하고도 남을 거야. 아니면 애굽으로 가서 경치 좋은 곳을 구경하며 여생을 보낼 수도 있을 거야.'

뿐만 아니라 그들은 이렇게 탄식했을 것입니다.

'나랏일을 우리 손으로 결정할 수만 있다면 좋을 텐데. 왜냐하면 다리오 왕은 그 늙은 히브리인이 알고 있는 것의 절반도 알지 못하거든. 그 다니엘인가 뭔가 하는 자가 감독하고 있기 때문에 도저히 딴 주머니를 찰 수가 없단 말이야. 그가 총리로 있는 한 어떤 시도도 불가능해. 그러니 다니엘을 반드시 그 자리에서 쫓아내야 돼.'

그래서 그들은 다니엘을 제거하기 위한 특별감사위원회를 열기 위해 애를 썼습니다. 그를 고발할 근거를 찾기 위함이었습니다. 하지만 그들의 시도는 소용이 없는 것이었습니다. 만일 다니엘이 부정한 일에 연루되었거나, 횡령죄를 저질렀거나 어떤 식으로든 금령을 어겼다면 벌써 드러났을 것이기 때문입니다. 그를 주시하는 사람들이 그만큼 많았기 때문입니다.

여기서 우리가 관심을 가져야 할 부분은 그의 대적들이 다니엘에게 사람이 할 수 있는 최고의 찬사를 아끼지 않았다는 점에 있습니다. 그들은 다양한 부서에서 일하는 자들이었건만 다니엘을 쫓아내려고 모의하는 과정에서 한결같이 이러한 결론에 이르렀던 것입니다.

> "이에 총리들과 고관들이 국사에 대하여 다니엘을 고발할 근거를 찾고자 하였으나 아무 근거, 아무 허물도 찾지 못하였으니 이는 그가 충성되어 아무 그릇됨도 없고 아무 허물도 없음이었더라 그들이 이르되 이 다니엘은 그 하나님의 율법에서 근거를 찾지 못하면 그를 고발할 수 없으리라 하고"(단 6:4, 5)

그를 가장 미워하는 대적들이 다니엘을 이렇게 높이 평가했으니 얼마나 놀라운 일입니까?

우리 모두가 이런 칭찬을 들을 수 있으면 얼마나 좋을까요?

그는 횡령은 물론 어떤 무리와도 당을 짓지 않았을 뿐 아니라 친구에게 좋은 자리를 주어 뇌물을 받은 후에 그것을 자신에게 상납하게 하는 법이 없었습니다.

만일 다니엘이 그런 부정 가운데 어느 한 가지라도 저질렀다면 그를 감시하는 자들이 가만히 있었을 리가 없습니다. 그들은 비리를 캐는 데에 있어서는 예리한 감각을 지니고 있었습니다. 그러니까 부정을 밝혀내는 데 일가견이 있었다는 말입니다. 그들은 다니엘의 일거수일투족은 물론이요, 그의 지나온 과거까지 낱낱이 꿰고 있었습니다. 그들이 다니엘을 쫓아낼 만한 과오를 발견했다면 모두가 뛸 듯이 기뻐했을 것입니다.

하지만 그들은 탄식하며 이렇게 말하지 않을 수 없었습니다.

"다니엘을 고발할 근거를 찾고자 하였으나 아무 근거, 아무 허물도 찾지 못하였으니"(단 6:4)

이때가 그의 이름이 빛나는 순간입니다.

그는 관직에 오르면서부터 그의 이름을 빛내기 시작하여 그때까지 어떤 오점도 남기지 않았습니다. 비록 나이 들어 원숙한 정치인이 될 때까지 오랫동안 나라를 다스렸지만 그에게서 어떤 결점도 찾을 수 없었다는 것이 그의 대적들의 일관된 결론이었습니다.

그 이유는 다른 데 있는 것이 아닙니다. 사람들의 인기를 얻기 위하여 신앙을 포기하거나, 사람들의 눈치를 보거나, 사람들의 마음을 사려고 애쓰는 법이 없었기 때문입니다. 또한 울타리가 되어 줄 어떤 집단에 가입하는 일이 없이 오직 하나님을 바라보며 바르게 행하였기 때문입니다.

젊은이들이여, 인격이란 돈보다 더 소중한 것입니다. 그것은 이 세상의 어떤 것과도 바꿀 수 없을 정도로 귀한 것입니다. 일신상의 칭찬을 받는 것보다 다니엘의 대적들이 그를 칭찬한 것과 같이 신앙 인격을 가지는 것이 더 중요합니다. 이 세상이 줄 수 있는 모든 것을 소유하기 보다는 다니엘이 받은 것과 같은 칭찬을 받는 것이 더 좋다는 말입니다.

Part 6 - **다리오 왕의 칙령**

33

악한 고관들

그래서 다니엘의 대적들은 이렇게 말했습니다.

'그를 그 자리에서 쫓아냅시다. 왕에게 칙령을 내리라고 권하되 그 금령을 어기는 자에게 엄한 벌을 내리게 합시다. 그 벌은 풀무불에 던지는 대신 사자의 굴에, 그것도 잔뜩 주린 사자의 굴에 던지는 것으로 합시다. 이렇게 하면 천하의 다니엘이라도 반드시 제거할 수 있을 것입니다.'

아마도 이들은 밤에 만나 이 일을 꾸몄을 것입니다. 왜냐하면 사람이 비열한 일을 저지르려 할 때는 밤에 만나는 것이 보통이기 때문입니다. 어둠이야말로 그들의 비리를 덮는 데 가장 유용한 도구였을 테니까요.

더구나 그들은 메대와 바사의 모든 법률을 환히 알고 있는 전문가들로서 이렇게 얘기했을 것입니다.

'여러분, 그 늙은 히브리인을 확실히 제거할 수 있는 좋은 계획이 하나 있습니다. 여러분이 알다시피 그는 아브라함과 이삭의 하나님 외에는 그 어떤 신도 섬기지 않으니까, 그 점을 이용한다면 그를 얼마든지 함정에 빠뜨릴 수 있을

거예요.'

여러분이 그 당시의 바벨론에 살고 있었다면 다니엘이 얼마나 하나님을 사랑했는지 따로 물을 필요가 없을 것입니다. 왜냐하면 그의 대적들도 그의 믿음을 인정할 정도였으니까요.

주변 사람들로부터 '당신은 그리스도인입니까?'라는 말을 듣고 사는 그리스도인이 있다면 그는 정말 얼마나 불쌍한 사람입니까! 우리는 어떤 사람으로부터도 그런 말을 듣지 않을 수 있도록 누구나 인정하는 믿음의 삶을 살아야겠습니다.

여하튼 다니엘의 대적들도 그가 성경의 하나님, 즉 히브리인의 하나님, 아브라함의 하나님, 그리고 모세의 하나님 외에는 어떤 신도 섬기지 않는다는 것을 잘 알고 있었습니다. 그러니까 그가 이스라엘 백성을 애굽으로부터 건져내시고, 홍해를 건너 약속의 땅에 들어가게 하신 하나님만을 섬긴다는 것을 대적들이 너무나 잘 알고 있었다는 것입니다.

이 모사꾼들은 서로에게 이렇게 말했을 것입니다.

'이제부터 30일 동안에 왕 외에 어떤 신에게나 사람에게 무엇을 구하는 자는 사자 굴에 던져 넣으라는 조서에 도장을 찍으라고 왕에게 권합시다. 그리고 이 일이 이루어질 때까지 우리 모두 함구하여 바깥으로 새지 않도록 합시다. 부인에게도 말하지 맙시다. 두려워서 그 소식을 발설이라도 하는 날이면 삽시간에 여기저기 퍼질 수 있기 때문입니다. 그러면 다니엘도 그 사실을 알게 될 것이고, 그는 왕에게 우리 모두를 합한 것보다 더 많은 영향력을 미칠 수 있으니까 조심하지 않으면 안 됩니다. 왕도 우리의 의도를 알게 되면 결코 조서에 도장을 찍지 않을 것이 분명합니다. 하지만 아무리 왕이라 해도 일단 조서에 도장을 찍으면 다시 고칠 수 없으므로 일을 확실하게 추진합시다. 게다가 다니엘을 사자 굴에 던져 넣어 죽이려면 그때까지 사자들을 잔뜩 굶기는 것도 잊어서는 안 될 것입니다.'

34

다리오 왕의 금령

모의가 끝나자 그들은 왕에게 나아가 아부하기 시작했습니다.

"다리오 왕이여 만수무강 하옵소서"(단 6:6)

어떤 사람들이 우리에게 다가와 겉치레 말과 듣기 좋은 말을 하면 그들이 어떤 목적이 있어 왔다는 것을 금방 알아야 합니다. 자신이 좋은 사람이라고 알리려 하는 데에는 반드시 어떤 목적이 있기 마련이기 때문입니다.

다니엘의 대적들은 왕에게 계속해서 이렇게 말했을 것입니다.

'왕께서 다스리신 이후로 나라가 날로 융성해지고 있습니다. 백성들도 왕의 치세를 심히 기뻐하고 있습니다.'

그리고 나서 그들은 가장 그럴듯한 방법으로 왕에게 이렇게 권했습니다.

'왕께서 이 조서에 도장을 찍으신다면 왕의 위대함과 선하

심을 백성들이 대대로 기억하게 될 것입니다.'

왕은 그들의 이야기를 듣고 이렇게 물었을 것입니다.

'너희가 준비한 이 조서는 무엇에 관한 것이냐?'

그들이 준비한 조서를 내밀자 왕은 그 내용을 보고 이렇게 말합니다.

'좋은 계획이로다.'

왕의 호의적인 반응을 보고 그들은 이렇게 말합니다.

'이 조서에 왕의 도장을 찍어 금령을 내리소서.'

그들의 말을 좋게 여긴 왕은 그 조서에 도장을 찍습니다. 그러자 그들 중의 한 사람이 이렇게 말합니다.

'메대와 바사의 규례에 따라 선포된 금령을 다시 고치지 못하게 하옵소서.'

'그렇고말고. 한번 정한 메대와 바사의 규례는 다시 고칠 수 없느니라.'

왕은 그들이 내민 조서를 보고 기뻐하는 가운데 수석 총리인 다니엘이 그곳에 없다는 사실을 까맣게 잊고 있었습니다. 총리들과 고관들은 왕이 그 사실을 알게 될까봐 조심하면서 왕에게 계속해서 거짓말을 늘어놓았습니다.

'이 나라의 모든 총리와 지사와 총독과 법관과 관원이 의논한 후 왕에게 한 가지 법률과 한 가지 금령을 정하실 것을 구하나이다.'

하지만 수석 총리인 다니엘만은 정작 그 일에 관해 아무 것도 모르고 있었습니다.

여기서 이런 의문이 생깁니다. 왕이 수석 총리인 다니엘이 없는 가운데 이처럼 중대한 칙령을 내리게 된 이유가 무엇일까요?

악한 고관들이 왕의 허영심을 만족시키며 왕이 좋아할 만한 말들을 계속해서 늘어놓았기 때문입니다. 그들은 '왕께서는 바벨론지역을 통치한 역대 왕들 가운데서 가장 사랑받는 왕이십니다.' 라고 아부하며, '왕께서 백성들에게 더욱 사랑을 받을 수 있게 하는 좋은 계획이 있습니다.'고 아뢴 후에 그들이 모의한 계획을 내어놓았을 것입니다.

'이제부터 30일 동안 왕 외에 어떤 신에게나 사람에게 아무 것도 구하지 않음으로써 왕의 이름을 신의 반열에 오르게 한다면 바벨론을 통치했던 왕들 중에서 가장 존경받는 왕이 될 것이며, 왕의 이름이 천대에 이르기까지 빛날 것입니다.'

그들은 상대방의 허영심을 만족시킬 수 있다면 거의 모든 일을 할 수 있다고 여겼습니다. 다리오 왕도 그런 면에서 다른 사람들과 조금도 다를 것이 없었습니다. 그들은 금령을 세우는 것이 그를 위대하게 만들 것이라고 암시함으로써 다리오 왕의 허영심을 충족시켰습니다. 왕은 그것이 아주 좋은 제안이라고 생각하고 그들의 의견에 동조했던 것입니다.

그들이 이런 음모를 통해 제거하려고 하는 것은 다니엘뿐만 아니라 바벨론에 있는 모든 경건한 유대인들이었습니다. 왜냐하면 진실한 유대인이라면 누구나 다리오 왕을 신으로 경배할 리가 없었기 때문입니다. 그래서 그들은 이번 기회에 자신의 믿음을 지키려는 모든 유대인들을 한 번에 제거할 수 있으리라고 확신했습니다.

여러분에게 말씀드리고픈 것은 오늘날의 세상은 그리스도인을 사랑하지 않는다는 것입니다.

오히려 세상은 참된 그리스도인으로서 살려고 하는 사람들을 핍박합니다. 세상은 참된 은혜를 제공할 수 없다는 것을 명심하십시오.

우리는 세상을 위해 살고 세상을 좋아함으로써 핍박을 면할 수도 있습니다. 그러나 세상이 우리를 향해 비난할 것이 없다면, 그것은 하나님께서도 여러분에게 말할 것이 없다는 확실한 증거입니다[13].

왜냐하면 여러분이 예수 그리스도를 위해 살려면 세상의 풍조를 따르지 말아야 하기 때문입니다.

---

13 "의를 위하여 박해를 받은 자는 복이 있나니 천국이 그들의 것임이라 나로 말미암아 너희를 욕하고 박해하고 거짓으로 너희를 거슬러 모든 악한 말을 할 때에는 너희에게 복이 있나니 기뻐하고 즐거워하라 하늘에서 너희의 상이 큼이라 너희 전에 있던 선지자들도 이같이 박해하였느니라" - 마 5:10-12참조

35

믿음의 용기

이제 그들은 조서를 선포할 준비를 모두 마쳤습니다. 이제 머지않아 바벨론의 대로를 통해 그 소식이 삽시간에 전국에 퍼질 것입니다. 하지만 바벨론 성에 거하는 사람들은 누구나 다니엘의 성품을 알고 있기 때문에 그의 마음이 조금도 변하지 않으리라는 것을 잘 알고 있었습니다. 머리가 하얗게 세어 가는 노령의 다니엘은 어떤 일이 있어도 좌로나 우로나 치우치지 않으리라는 것을 알고 있었다는 것입니다.

아무리 대적이 그와 같은 함정을 파서 쫓아내려고 할지라도 그는 결코 자신이 믿는 하나님을 거부하거나, 그 하나님으로부터 피하지 아니할 것은 물론이요, 하나님을 향해 변함없는 믿음을 소유할 인물이라는 것을 누구나 알고 있었다는 말입니다.

다니엘은 오늘날의 병든 그리스도인과는 달랐습니다. 그는 연약한 무릎을 가진 그리스도인 아니었습니다. 게다가 도덕적인 힘과 용기까지 겸비하고 있었습니다. 그러므로 이런 음모가 진행되는 가운데에도 다니엘은 태연하게 탁자에 앉아 각 도의 고관들이 보내온 회계 장부를 꼼꼼히 살피고 있었으리라는 것을 짐작하기 어렵지 않습니다. 금령을 듣고 놀란 히브리인들은 그를 찾아와 이렇게 말했을 것입니다.

'다니엘이여, 최근 소식을 듣지 못했습니까?'

'무슨 소식을 말하는 것이지요?'

'뭐라구요? 오늘 아침에 왕궁에 출근하지 않았습니까?'

'네. 오늘은 왕궁에 나가지 않았습니다. 무슨 일이죠?'

'지금 당신을 죽이려는 무서운 음모가 진행되고 있어요. 악한 고관들이 다리오 왕을 꼬드겨 30일 동안 왕이 아닌 다른 신에게 구하는 사람은 누구나 사자 굴에 던지겠다는 칙령을 내리게 했어요. 그들이 노리는 것은 당신을 사자 굴에 던져 넣는 거예요. 이제 음모를 피할 수 있는 시간이 얼마 남지 않았어요. 당신이 30일 동안 몸을 피신한다면 당신에게나 우리 모두에게 도움이 될 거예요. 당신은 수석 총리니까 얼마든지 원하는 대로 할 수 있잖아요. 지금 즉시 바벨론을 떠나세요. 그리고 꼭 바벨론에 머물러야 한다면 당신이 기도하는 모습을 아무에게도 보이지 마세요. 지난 50년 동안 해 온 습관대로 예루살렘을 향한 창가에서 기도하는 일만큼은 어떤 일이 있어도 피하세요. 정말 창문 앞에서 기도하고 싶다면 커텐을 내리고 문을 닫아 어떤 틈도 생기지 않도록 하세요. 왜냐하면 당신을 노리는 자들이 당신의 집안을 엿듣고, 들여다보려고 할 것이 틀림없으니까요.'

믿는 것을 부끄러워하라는 유혹

어떤 그리스도인들은 이렇게 조언할 수도 있을 것입니다.

'애굽에서 처리해야 할 중요한 일거리를 찾아서 멤피스로 여행을 떠나거나, 수리아에서 처리할 일들을 찾아 다메섹으로 출발하면 어떻겠습니까? 앗수르에서 해야 할 일을 찾아내어 니느웨에 거하거나, 예루살렘으로 돌아가 지난 5-60년 동안 얼마나 변화했는지 확인하는 것도 괜찮을 것 같아요. 어쨌든 중요한 사실은 지금부터 30일 동안 바벨론에서 떠나 있어야 한다는 것입니다. 그래야 대적들이 당신을 함정에 빠뜨릴 수 없을 테니까요. 틀림없이 그들은 당신의 일거수일투족을 감시하려들 것입니다. 그러므로 어찌하든지 당신의 무릎 꿇은 모습을 그들에게 들키는 일은 없어야 할 것입니다.'

여기서 우리가 알아야 할 것이 있습니다. 수많은 그리스도인들이 자신의 무릎 꿇은 모습을 남들에게 보이기를 싫어한다는 것입니다. 젊은 그리스도인들 가운데는 무릎을 꿇고 기도하다가 그 모습을 다른 사람이 보면 즉시 일어나 이리저리 방을 거닐며 마치 아무 일도 없었다는 듯이 행동을 하는 사람들이 의외로 많습니다. 시골을 떠나 도시 생활을 막 시작한 젊은 그리스도인들이 자신이 무릎 꿇고 기도하는 모습을 보일 용기가 없어 같은 방을 쓰는 동료가 보는 데서는 기도하기를 포기하는 경우도 많습니다.

얼마나 많은 젊은 그리스도인들이 '제발 기도시간에 무릎 꿇고 기도하라고 하지 마세요.'라고 말하는지 모릅니다. 젊은 그리스도인들 뿐만 아니라 나이든 그리스도인들 가운데서도 무릎 꿇고 기도할 용기를 내지 못하는 사람이 생각보다 많습니다.

이런 일들은 믿음의 용기가 부족한 데서 비롯됩니다. 오늘날 이런 용기가 부족하여 하나님의 영광을 가리우는 그리스도인들이 얼마나 많은지 모릅니다.

그래서 결정적인 순간에 무릎 꿇고 기도하지 않으려 할 뿐 아니라, 자신이 하나님을 믿는 신자라는 것을 다른 사람이 알지 못하게 하려고 애씁니다. 이런 그리스도인들은 겁쟁이들에 지나지 않습니다. 그것이 바로 그들의 실상입니다.

그리스도인이 이런 모습을 지니고 있다는 것은 정말 부끄러운 일입니다. 그것은 나약하고 어리석기 짝이 없는 행동입니다. 오늘날에도 다니엘과 같은 그리스도인들이 많으면 얼마나 좋을까요.

머리가 희끗희끗한 다니엘이 그를 위하는 듯이 말을 하는 것 같지만, 사실은 자신들의 유익을 위해 양심을 팔아가면서까지 그를 함정에 몰아넣으려 하는 '불쌍하기 짝이 없는 그 고관들'의 말에 귀를 기울이고 있는 모습을 상상하는 것은 어렵지 않습니다.

하지만 그들의 계획은 모두 수포로 돌아갑니다. 다니엘은 진정으로 조상들의 하나님을 부인하는 것은 아닐지라도 겉으로라도 하나님 믿는 것을 부끄러운 체해야 해야 처신하기에 좋을 것이라는 조언을 얼마나 많이 들었을까요.

다니엘이 그 조언을 따라 하나님 믿는 것을 부끄러워하거나 그들의 음모를 두려워했을까요? 전혀 그렇지 않습니다. 다니엘이 자신의 신앙을 부끄러워하지 않았다는 것은 우리 모두가 아는 사실입니다.

다니엘의 기도 시간

'그들은 당신을 감시하기 위해 사방에 그들의 염탐꾼을 배치할 것이 분명해요. 그럼에도 꼭 기도해야겠다면 창문을 닫고 모든 커튼을 내리고 열쇠 구멍까지 막으세요. 아무도 당신이 무릎 꿇고 기도하는 모습을 볼 수 없게 할 뿐 아니라 당신이 기도하는 소리도 전혀 들을 수 없도록 만들어야 해요. 잠시 동안만 현실에 적응하세요. 영원히 타협하라는 말이 아니에요.'

오늘날의 세상도 우리에게 여전히 같은 요구를 합니다.

'시류에 따라 사세요. 잠시 동안만 현실에 타협하라는 말입니다. 그리고 잠시 동안만 신앙의 원칙을 양보하세요. 우리를 조롱하는 세상의 여론에 따르는 척만 하세요.'

50년이나 하나님과 동행해 온 다니엘이 그 같은 제안에 따라 자신의 신앙 태도를 바꿀 것이라고 생각하십니까?

결코 그렇지 않습니다. 만 번을 대답한다고 해도 그의 대답은 마찬가지였을 것입니다.

변함없는 사실은 다니엘은 그럼에도 불구하고 하루에 세

무디가 전하는 **다니엘의 신앙 맥 잡기**

번씩 그의 방으로 들어갔다는 것입니다.

'너무 바빠서 기도할 시간이 없어요. 일이 너무 많아서 가족을 생각하는 것은 물론 그들을 위해 하나님께 기도할 시간조차 없을 정도라니까요.'

이런 사람은 너무 바빠서 자신과 자신의 가족을 날마다 닥쳐오는 이 세상의 유혹으로부터 지켜주시도록 하나님께 구할 수가 없을 것입니다.

'일이 너무 바빠서 …'

이런 말을 들을 때마다 연로하신 목사님 한 분이 내게 들려주신 말씀이 떠오릅니다.

'돌봐야 할 일이 너무 많아서 기도할 시간이 없다면 하나님이 그에게 주시려고 계획하신 것보다 더 많은 일을 하고 있는 것이 틀림없다는 것을 깨달아야 해요.'

그러나 다니엘을 보십시오. 그는 왕을 대신하여 거의 모든 나랏일을 돌보아야 했습니다. 행정의 수반이자 회계 부문에서도 최고 결재권자인 수석 총리였기 때문에 자신의 일을 해야 할 뿐 아니라 다른 신하들의 많은 일까지 감독해야 했습니다. 그럼에도 불구하고 그는 기도할 시간을 따로 내었습니다. 가끔 혹은 어쩌다가 시간이 날 때만 혹은 틈이 날 때만 기도한 것이 아닙니다.

꼬박꼬박 '하루 세 번씩' 기도했습니다.

그렇습니다. 그는 시편 55편 16절의 말씀을 붙잡았던 것입니다.

"나는 하나님께 부르짖으리니 여호와께서 나를 구원하시리로다"

무디가 전하는 **다니엘의 신앙 맥 잡기**

창문을 열고

그날도 다니엘은 평소와 같이 바빴지만 따로 기도할 시간을 내었습니다. 하나님께 기도하는 습관을 가진 사람은 시간을 낭비하는 것이 아니라 오히려 시간을 절약할 줄 알아야 합니다. 하나님께서 보다 명민한 지혜와 보다 높은 집중력을 가지고 필요할 때마다 더욱 과단성이 있게 행동할 수 있는 능력을 주시기 때문입니다.

그런 이유로 다니엘은 하루 세 번씩 그의 방을 찾았습니다. 그가 지나는 길은 너무 자주 왕래하여 풀이 자랄 수 없을 정도였습니다. 그 음모를 꾸민 자들도 그가 평소처럼 자신의 집에서 창문을 열고 기도하리라는 사실을 잘 알고 있었으므로, 그가 왕의 칙령을 어기고 기도하는 현장을 반드시 목격할 수 있으리라고 확신했습니다. 그럼에도 다니엘은 다시금 뜻을 정하여 자신의 기도하는 모습을 감추지 않기로 작정했습니다.

그는 평소와 다름없이 자기 집에 돌아오자마자 윗방으로 올라가 "예루살렘으로 향한 창문을 열고(he has his window open)"(단

6:10) 기도했습니다. 그는 사도 바울처럼 자신이 의뢰하는 하나님을 알았습니다. 또한 모세가 "보이지 아니하는 자를 보는 것 같이 하여"(히 11:27) 행했던 것처럼 자신이 경배하는 분을 잘 알고 있었기 때문에 그처럼 담대하게 행할 수 있었던 것입니다.

어떤 사람이 그의 삶을 통해 바른 신앙고백을 했는지 알기 위해 여러 해 동안 작성해 온 교인 생활기록부를 확인할 필요가 없습니다. 그가 무릎 꿇고 기도할 때 취하는 행동을 보면 알 수 있기 때문입니다.

만일 그가 진실한 그리스도인이라면 자기 곁에 알지 못하는 사람이 있든지, 그 사람이 자기의 기도 소리를 들을 수 있는지에 대해 전혀 신경을 쓰지 않을 것입니다. 또한 평소에 하던 것과 달리 기도 소리를 낮추거나 목소리를 부드럽게 가다듬는 일도 없을 것입니다. 오직 전심을 다하여 생명의 하나님, 그의 백성을 돌보시는 하나님, 아브라함의 하나님, 이삭의 하나님, 야곱의 하나님께 기도할 것입니다.

다니엘은 기도하는 가운데 왕을 위해 기도하는 일을 빠뜨린 적이 없습니다. 우리를 다스리는 자를 위해 기도하는 것은 지극히 옳은 일입니다. 나라를 다스리는 자들을 위해 기도하는 일을 중단하게 되면 나라는 그야말로 산산조각이 나고 말 것입니다. 지도자를 위해 기도하지 않기 때문에 나라가 어려움을 겪는 경우가 많습니다.

과연 다니엘은 왕의 칙령대로 다리오 왕에게 기도했을까요?

결코 그렇지 않습니다. 그는 다리오 왕을 위해 기도할지언정 그에게 기도하지는 않았습니다.

엿듣는 자들

열린 창문 주변에는 다니엘의 기도 소리를 엿들으려는 사람들이 많이 있었습니다. 각도를 다스리는 전국의 고관 120명은 그런 일에 선수였습니다. 그들 중의 일부는 다니엘을 직접 고발할 단서를 발견하기 위해 염탐꾼으로 나서는 악행을 저질렀습니다.

그 당시에 오늘날과 같이 신문 기자가 있었다면 다니엘이 드린 기도를 한 마디도 놓치지 않고 전할 수 있었을 것입니다. 기자들에게 가장 작은 정보를 제공해 보십시오. 그러면 그들은 그 내용을 속기하여 전 세계에 전송함으로써 24시간 이내에 온 세계에 알릴 것입니다.

이런 와중에서도 다니엘은 기도하며 "그의 하나님께 감사하였더라"(단 6:10)고 성경은 기록하고 있습니다.

여기서 "감사하였더라"는 말씀을 명심하시기 바랍니다. 그는 집 밖으로 나가 확고한 걸음으로 궁으로 향하는 가운데 조금도 두려워하지 않았습니다. 그리고는 자신이 사자 굴을 통해 천국에 들어가는 것이 하나님의 뜻이라면 기꺼이 그 길을 따르겠다고 결심했습니다.

그러자 하나님이 그와 함께 동행 하셨습니다.

에녹처럼 "하나님을 기쁘시게 하는 자"(히 11:5)라 하는 증거를 받기 원했기 때문입니다.

기도

- D. L. 무디

히브리 포로들이 무릎 꿇은 것을 아십니까?

아침, 점심, 저녁에 하나님께 기도하기 위해,

그들의 방에서 시온을 그리며

포로 되어 먼 나라에 와 있건만,

풀무불 가운데로 지나는 것을 두려워 마십시오.

사자 굴에 던져지는 것을 겁내지 마십시오.

다니엘의 하나님이 구원하실 것이기에

그분의 천사와 함께 그곳에 주님을 보내실 것을 믿기에,

살아 계신 하나님의 자녀여, 용기를 내십시오.

여러분의 구원으로 인해 즐거이 노래하세요.

시온의 언덕으로 당신의 얼굴을 향하게 하십시오.

그곳에서 우리를 향해 오시는 왕을 찬양합시다!

여러분의 창문이 예루살렘을 향해 열려 있습니까?

우리가 '잠시' 머무는 이곳에서는 포로일지라도,

영광중에 오시는 우리의 왕을

여러분은 날마다 기다리고 있습니까?

Part _07

사자 굴

사자 굴

바벨론 도성 전체가 크게 술렁거렸습니다. 온 도성 사람들은 다니엘이 결코 자신의 뜻을 굽히지 않으리라는 것을 알았습니다. 그는 강철같이 굳은 의지를 가진 사람이라 결코 자신의 뜻을 포기하지 않을 것이라는 것을 너무나 잘 알고 있었습니다.

사자 굴은 결코 그에게 위협이 될 수가 없습니다. 그는 하나님 없이 사자 굴 밖에 있는 것보다는 하나님과 함께 사자 굴에 들어가는 쪽을 택할 인물이라는 것을 모르는 사람이 하나도 없었습니다.

주 안에서 친구인 여러분, 아무리 강조해도 부족함이 없는 것은 믿음의 원칙을 지켜 하나님과 함께 사자 굴에 있는 것이 믿음의 원칙을 저버리고 돈과 함께 사자 굴 밖에 있는 것보다 더 나은 것임을 알아야 합니다.

정직하지 못한 방법을 통해 돈을 번 사람은 불쌍한 사람입니다. 부정한 방법을 통해 사회적 지위를 얻은 사람도 마찬가지입니다. 도저히 용인될 수 없는 방법으로 자리를 차지한 정치인들도 불쌍한 자들이기는 똑같습니다.

그들의 양심은 얼마나 많은 가책을 받을까요?

얼마나 하나님 말씀에 찔림을 받겠느냐는 것입니다.

"너희 금과 은은 녹이 슬었으니 이 녹이 너희에게 증거가 되며 불 같이 너희 살을 먹으리라"(약 5:3)

여러분이 모은 금과 은은 반드시 여러분으로 하여금 대가를 치르게 합니다. 얼렁뚱땅 넘어가는 법이 없습니다. 정직하게 사는 것이 최선입니다. 비록 지갑에 돈이 조금 밖에 없고 세상의 지위가 보잘 것 없다 하더라도 말입니다. 하나님을 모시고 바른 편에 서는 것이야말로 가장 좋은 선택인 줄 알아야 합니다.

40

메대와 바사의 규례

다니엘은 다리오 왕의 제국에 있는 모든 신하들을 합한 것보다 더 소중한 인물이라고 말할 수 있습니다. 그렇습니다.

그를 해치고자 하는 40,000명보다 더 필요한 사람이라는 말입니다. 그 이유는 무엇입니까?

왕에게 진실했고 다리오 왕을 위해 기도할 뿐만 아니라 무엇보다 그를 사랑했습니다. 그러기에 하나님의 율법에 어긋나지 않는 것이라면 어떤 일이라도 왕을 위해 할 수 있었기 때문입니다.

다니엘이 무릎 꿇고 기도하는 것을 본 염탐꾼들은 한 걸음에 왕에게로 달려와 이렇게 고합니다.

'다리오 왕이여, 만수무강하옵소서. 왕의 나라에서 왕의 명령에 거역하는 자가 있다는 사실을 알고 계십니까?'

'내 명령을 거역하는 자라니? 대체 그가 누구인가?'

'그는 바로 다니엘입니다. 왕이 저희 위에 세우신 그 히브리인 말입니다. 그는 왕의 명령을 어겨 지금도 자기 하나님 앞에 기도하기를 멈추지 않고 있습니다.'

그들이 다니엘의 이름을 고하는 순간, 왕은 이마를 찌푸렸습니다.

그리고 마음에 이런 생각이 번개같이 떠올랐습니다.

'아차, 내가 크나큰 실수를 저지르고 말았구나. 그 조서에 도장을 찍지 말았어야 하는 건데. 다니엘이 내게 도움을 요청하지 않으리라는 것을 진작 알았어야 하건만. 그가 섬기는 그의 조상의 하나님을 너무나 잘 알고 있었다는 사실을 까맣게 잊고 있었구나.'

왕은 다니엘을 비난하는 대신에 자신을 향해 꾸짖었습니다. 다니엘을 정죄하는 대신 자신을 정죄했다는 것입니다.

그리고 나서 왕은 어떻게 하면 다니엘에게 해가 돌아가지 않을까 하고 염려하며 해결책을 모색하기 시작했습니다.

여러분이 그 성에 머물고 있었다면 그 날 하루 종일 궁궐에 있는 방들과 회랑을 이리저리 걷고 있는 다리오 왕의 모습을 발견할 수 있었을 것입니다. 그는 갈대아 평원의 해가 지기 전에 다니엘이 생명을 잃을 것이라는 생각 때문에 크게 괴로워했습니다.

하지만 해가 질 때까지 다니엘을 사자 굴에 넣지 않는다면 메대와 바사의 규례가 깨어지게 되므로 어떤 일이 있어도 규례는 지켜야 했습니다.

41

사자 굴에 던져진 다니엘

다리오 왕은 다니엘을 사랑했기 때문에 그를 구해야겠다고 결심했습니다. 그래서 하루 종일 메대와 바사의 법을 깨뜨리지 않으면서 다니엘을 구할 수 있는 좋은 방법을 찾으려 애를 썼습니다.

그러나 여기서 우리가 알아야 할 것은 그가 다니엘을 사랑했다고 하지만 그의 사랑은 우리를 향한 하나님의 사랑과 그리스도의 사랑과는 비교할 수 없는 것이었다는 것입니다. 왜냐하면 그가 다니엘을 대신하여 사자 굴에 들어가겠다고 하지는 않았기 때문입니다. 그러므로 주께서 우리를 위해 "죽음의 고난 받으심"(히 2:9)을 결코 잊지 마십시오.

그 음모를 꾸민 자들은 왕의 흔들리는 마음을 믿지 못했습니다. 그래서 왕에게 이렇게 말했을 것입니다.

'왕이여, 왕이 세우신 금령과 법도를 스스로 지키시지 않으신다면 메대와 바사의 규례를 존중하는 마음이 사라져 신하들도 더 이상 왕의 명령에 복종하지 않을 것입니다. 그 결과로 왕은 나라를 잃게 될 것입니다.'

그 말을 들은 다리오 왕은 마침내 다니엘을 구하는 것을 포기하고 명을 내려 다니엘을 끌어다가 사자 굴에 던져 넣게 했습니다.

다니엘의 대적들은 그 동안 굴속의 사자들을 바벨론에서 가장 굶주린 사자로 만들기 위해 잔뜩 굶겨 왔습니다.

여러분이 그곳에 있었다면 관리들에 의해 흰머리를 흩날리며 끌려가는 다니엘을 볼 수 있었을 것입니다. 그들은 그의 손을 묶어 사자 굴로 데려갔습니다. 갈대아 군사들은 얼마 전까지만 해도 왕의 다음 가는 자리에 있던 바벨론 역사상 가장 높은 지위를 누렸던 정치인을 포박 지어 이리저리 끌고 다닌 것입니다.

그들이 그를 사자 굴로 인도했지만 다니엘의 걸음걸이는 조금도 흐트러지지 않았습니다. 그는 조금도 두려워하는 기색이 없었습니다. 다리가 후들거리지도 않았습니다. 하늘나라의 빛이 그의 평온한 얼굴을 비추고 있었습니다. 온 하늘나라의 관심이 그에게 향하고 있었습니다.

비록 지금 이 순간 땅에서는 치욕을 당하고 있지만 하늘에서는 가장 관심을 모으는 사람이 바로 그였습니다.

모든 천사들이 그를 기뻐했습니다.

그는 자신의 믿음을 굳게 지켜 조금도 흔들리지 않았습니다. 결코 성경의 하나님을 배반하지 않았습니다. 그는 거인처럼 성큼성큼 사자 굴로 나아갔습니다. 사자 굴의 입구에 이르자 병사들은 그를 굴 안으로 던져 넣었습니다. 그리고 돌을 굴려다가 굴 어귀를 막고 그 위에 어인을 찍어 봉했습니다. 그리하여 메대의 규례를 준행할 수 있었습니다.

한편 사자 굴속에 던져진 다니엘은 그보다 앞서 하나님의 천사가 그 굴에 내려와 바닥까지 빛을 비추어 조금도 해를 입지 않았습니다. 천사들이 사자들의 입을 봉하고 양처럼 순하게 만들었습니다.

여러분이 사자 굴을 들여다 볼 수 있다면 어느 여름날 저녁처럼 평온함을 누리고 있는 다니엘을 발견할 수 있었을 것입니다.

그는 그 속에서도 조금도 두려워하지 않고 평소와 같이 무릎을 꿇고 기도했습니다. 굴속이 몹시 어두웠지만 방향 감각을 되찾은 뒤에 평소와 같이 예루살렘을 향해 기도했습니다. 그는 예루살렘 성과 그곳에 있는 성전을 지극히 사랑했습니다.

그래서 예루살렘 성을 향해 얼굴을 향하고 기도하며 하나님께 감사했던 것입니다. 그리고 나서 사자의 등에 기대어 잠이 든 그의 모습을 상상하기는 조금도 어려운 일이 아닙니다. 그런 환경에 처한다면 바벨론의 어느 누구도 다니엘처럼 깊은 잠을 잘 수는 없을 것입니다.

42

밤새 금식한 다리오 왕

그 날 밤 바벨론 궁에는 잠을 이루지 못하고 뜬눈으로 밤을 지새운 한 사람이 있었습니다.

여러분이 왕궁을 들여다 볼 수 있었다면 그 안에서 근심에 잠긴 한 사람을 발견할 수 있었을 것입니다. 그 날 밤 다리오 왕은 오락을 그치고 밤이 새도록 금식하였습니다. 시중들이 맛있는 음식을 갖다 주었지만 그는 손을 댈 생각조차 하지 않았습니다. 그는 근심에 싸여 잠을 잘 수가 없었습니다. 그 나라에서 가장 유능하고 충성스러운 사람을 사자 굴에 던져 넣은 자신을 꾸짖고 있었습니다. 그는 자신에게 이렇게 말했습니다.

'어떻게 간신배들의 생각에 동조하여 그런 실수를 저질렀단 말인가.'

이튿날 아침 동트기 전 어슴푸레한 새벽녘에 바벨론 사람들은 대로★路 위를 급히 달려가는 병거 바퀴 소리를 들을 수 있었습니다.

왕이 서둘러 사자 굴로 향하고 있었던 것입니다. 굴에 도

착한 뒤 병거에서 급히 내린 왕은 다니엘이 던져진 굴에 가
까이 이르러 이렇게 소리질러 물었습니다.

"살아 계시는 하나님의 종 다니엘아 네가 항상 섬기는 네
하나님이 사자들에게서 능히 너를 구원하셨느냐"(단 6:20)

잘 들어보십시오. 그 때 굴 안에서 낯익은 목소리가 들려
왔습니다.
아, 그것은 부활한 자의 목소리였습니다.
저 깊은 굴에서 왕의 귀에 들린 목소리의 주인공은 바로
다니엘이었습니다.

"왕이여 원하건대 왕은 만수무강하옵소서 나의 하나님이
이미 그의 천사를 보내어 사자들의 입을 봉하셨으므로 사자
들이 나를 상해하지 못하였사오니 이는 나의 무죄함이 그 앞
에 명백함이오며 또 왕이여 나는 왕에게도 해를 끼치지 아니
하였나이다"(단 6:21, 22)

무디가 전하는 **다니엘의 신앙 맥 잡기**

43

조금도 상하지 아니하였으니

사자들은 다니엘을 해할 수가 없었습니다. 그의 머리카락 하나도 건드리지 못했다는 말입니다. 언제든지 하나님 편에 서기만 하면 하나님은 바로 여러분 곁에 계신다는 것을 알아야 합니다. 다니엘이 자신의 믿음을 지킨 것은 옳은 일이었습니다.

왕은 명을 내려 다니엘을 굴속에서 올라오게 했습니다. 굴 밖에 나오자마자 왕과 다니엘은 서로 얼싸안았습니다. 다니엘은 왕의 병거에 올라타고 왕궁으로 향했습니다.

그 날 아침 바벨론 성에는 두 명의 행복한 사람이 있었습니다. 그들은 맛있는 음식을 놓고 마주 앉아 하나님께 감사하며 기뻐했습니다.

"그의 몸이 조금도 상하지 아니하였으니"(단 6:23)

사드락과 메삭과 아벳느고를 풀무불 속에서 지켜서 **"불탄 냄새도 없게"**(단 3:27)하신 하나님이 다니엘을 사자의 입으로부터 지켜 주신 것입니다.

반면에 다니엘을 고발한 자들은 크게 두려워했습니다. 말하자면 '스스로 무덤을 파고 그 속에 들어앉은' 꼴이 되었습니다.

왕은 명을 내려 다니엘을 참소한 사람들을 끌어다가 다니엘이 겪은 것과 같은 벌을 당하게 했습니다.

성경은 그들을 사자 굴에 던져 넣자마자 "그들이 굴 바닥에 닿기도 전에 사자들이 곧 그들을 움켜서 그 뼈까지도 부서뜨렸더라"(단 6:24)라고 기록하고 있습니다.

젊은 그리스도인들이여, 세상에서 나와 그것을 밟고 섭시다.

하나님께 진실한 삶을 살며 믿음의 행렬에서 이탈하지 말고, 우리의 왕이신 하나님을 위해 담대하게 싸웁시다. 우리의 전성기는 곧 지나가게 마련입니다. 하지만 우리 믿음에 대한 보상이 주어질 날은 얼마 남지 않았습니다. 그리고 믿음을 지키는 우리를 향하여 "큰 은총을 받은 사람아"(단 10:11)라는 칭찬이 주어질 것입니다.

여러분의 믿음의 성품은 돈보다 귀하다는 것을 명심하십시오. 세상의 어떤 명예보다도 소중하다는 말입니다. 세상의 명예는 아무리 화려한 것 같아도 덧없는 것이라서 곧 사라지기 마련입니다.

믿음의 인격은 세상의 어떤 지위보다 더 소중합니다.

세상의 지위란 일시적인 것이어서 곧 사라져 버리기 때문입니다. 하지만 하나님을 모시고 하나님과 함께 동행하는 것은 얼마나 귀한 지위인지 모릅니다. 그것은 영원토록 우리가 누릴 수 있는 지위이기 때문입니다.

은총을 받은 사람

다니엘에 대해 조금 더 말씀드리고 싶습니다. 여러분이 다니엘서 10장을 보게 되면 한 천사가 그에게 다가와 이르기를 "큰 은총을 받은 사람이여"(단 10:19)라고 말하는 것을 볼 수 있습니다.

또 다른 천사가 나타나 11절에서도 그에게 같은 표현을 사용하고 있습니다. 여기서 다니엘에게 나타난 분은 밧모섬에 유배된 사도 요한에게 나타났던 "인자 같은 이"(계 1:13)를 의미한다는 데에 많은 주의 종들이 동의하고 있습니다.

사람들은 사도 요한이 그 섬에 홀로 보내졌다고 말합니다. 하지만 결코 그렇지 않습니다. 그곳에는 주님이 그와 함께 계셨습니다. 그것은 다니엘에게도 마찬가지였습니다.

조국과 그의 백성을 떠나 포로로 끌려 온 다니엘이지만 주님이 언제나 그와 함께 있었기 때문입니다. 다니엘서 10장은 이렇게 말하고 있습니다.

"그 때에 내가 눈을 들어 바라본즉 한 사람이 세마포 옷을 입었고 허리에는 우바스 순금 띠를 띠었더라 … 내게 이르되

큰 은총을 받은 사람 다니엘아 내가 네게 이르는 말을 깨닫고
일어서라 내가 네게 보내심을 받았느니라"(단 10:5, 11)

이 주님이 영광의 나라로부터 오신 까닭은 다니엘과 동행
하시기 위함이었습니다.

바벨론 성에서 그의 바로 옆에 계셨던 분은 바로 하나님
아들이셨습니다.

다니엘 9장 23절[14]에서도 이런 표현이 나타납니다. 그러니
까 천사가 이런 표현을 사용하여 다니엘을 칭찬하기 위해 하
나님의 보좌로부터 온 것은 모두 세 번입니다.

우리가 기억해야 할 소중한 구절은 11장에도 있습니다.

"오직 자기의 하나님을 아는 백성은 강하여 용맹을 떨치리
라"(단 11:32)

12장에서도 나타납니다.

"땅의 티끌 가운데에서 자는 자 중에서 많은 사람이 깨어
나 영생을 받는 자도 있겠고 수치를 당하여서 영원히 부끄러

---

14   "곧 네가 기도를 시작할 즈음에 명령이 내렸으므로 이제 네게 알리러 왔느니라
     너는 크게 은총을 입은 자라 그런즉 너는 이 일을 생각하고 그 환상을 깨달을지
     니라"

움을 당할 자도 있을 것이며 지혜 있는 자는 궁창의 빛과 같이 빛날 것이요 많은 사람을 옳은 데로 돌아오게 한 자는 별과 같이 영원토록 빛나리라"(단 12:2, 3)

이 말씀들은 천사가 다니엘에게 준 위로였습니다. 그 말씀은 정말 큰 위로였습니다. 우리는 누구나 빛나기를 좋아합니다. 이것은 의심할 바 없는 사실입니다. 어머니라면 누구나 자기 자녀의 이름이 빛나기를 좋아합니다. 자녀가 자기 반에서 일등을 하면 어머니는 너무 기뻐서 그것을 모든 사람들에게 이야기하기 마련입니다. 그 어머니에게는 그렇게 할 권리가 있습니다.

무디가 전하는 **다니엘의 신앙 맥 잡기**

45

하늘의 별처럼

그러나 세상은 가장 똑똑한 사람의 이름을 계속해서 빛내 주지 않습니다. 몇 년 동안은 그들의 이름이 빛날지 모르지만 그들의 이름은 곧 어둠 속으로 사라지고 맙니다. 그들은 내적인 빛을 가지고 있지 않으므로 잠시 동안은 빛날 수 있지만 결국 그들의 이름은 어둠 속에 묻혀 버리고 만다는 것입니다.

다니엘의 하나님을 알지 못했던 고관들은 지금 어디에 있습니까?

그들의 이름은 오랫동안 빛났습니까?

우리는 느부갓네살 왕은 알지만 그 외의 고관들의 이름에 대해서는 알지 못합니다.

단지 겸손한 하나님의 사람 다니엘에 관한 이야기 속에 등장할 때만 그들의 존재를 알 수 있을 뿐입니다. 그들의 이름이 영원히 빛나리라는 말을 들어본 적이 없습니다. 그들은 며칠이나 몇 년 동안은 빛날 수 있지만 곧 잊히고 맙니다. 다니엘이 활동하던 시대에 사라진 고관들을 보십시오. 음모를 꾸밀 때 그들은 얼마나 지혜로웠습니까?

수많은 다른 나라들에 대해 얼마나 권세를 휘둘렀습니까?

이 세상의 어떤 신들이 그들과 같았습니까?

그러나 그들의 이름은 잊혀진지가 오래입니다.

수많은 철학자들을 보십시오. 사람들이 그들의 이름을 지금도 기억하고 있습니까? 수많은 과학자들을 보십시오. 특히 지질학자들은 지구의 내부를 연구하며 하나님의 목소리에 반대하는 주장을 펼치기도 합니다. 하지만 시간이 지나면 그들도 죽음에 이르게 되고 그들의 이름은 잊히고 맙니다.

하지만 하나님의 사람의 이름은 하늘의 별처럼 영원토록 빛날 것입니다. 다니엘이 세상을 떠난 지 약 2,600년이 지났건만 그의 삶과 믿음을 본받고자 하는 사람들은 더욱 늘어만 가고 있습니다.

많은 세월이 흘렀음에도 불구하고 그의 이름은 더욱 널리 알려지고 더 많은 사람들에 의해 존경을 받고 있는 것입니다. 세상은 점점 더 후패朽敗해져 가지만 그는 더욱 밝게 빛날 것입니다. 진실로 "지혜 있는 자는"^(단 12:3) 많은 사람을 옳은 데로 돌아오게 함으로써 하늘의 별처럼 영원히 빛날 것입니다.

46

누구나 할 수 있는 전도

영광중에 빛나는 이 복된 행복은 하나님 나라의 모든 축복처럼 누구나 누릴 수 있습니다. 학력이 높거나 세련된 모습을 갖추지 못한 사람이라고 할지라도 누구나 원한다면 자신의 이름을 빛낼 수가 있습니다. 가난한 노동자나 가난한 뱃사공일지라도 그들이 하나님 나라를 위해 일하기만 한다면 영원토록 빛날 수 있습니다.

성경은 위대한 자만이 빛날 것이라고 말하지 않고 "많은 사람을 옳은 데로 돌아오게 한 자"(단 12:3)가 하늘의 별처럼 빛날 것이라고 약속합니다.

오늘날 수많은 하나님의 사람들이 거짓된 신화에 사로잡혀 있습니다. 자격을 갖춘 소수의 사람들만이 하나님을 위해 말씀을 전파할 수 있다는 생각에 얽매어 있는 것입니다. 우리의 영혼을 위해 어떤 일을 해야 한다면 열 명 가운데 아홉 명은 이렇게 말하곤 합니다.

'오, 그건 목사님이 할 일이야.'

많은 사람들이 그들도 하나님의 말씀을 전파할 수 있다는 것을 믿지 못하고 있습니다. 그리스도인들로 하여금 영혼을 하나님께 인도하는 복된 특권으로부터 멀어지게 하는 일은 바로 사탄의 책략입니다. 우리는 누구나 영혼을 구원할 수 있다는 사실을 믿어야 합니다.

여러분은 작은 산이 점점 솟아올라 모든 것을 품을 수 있는 거대한 산을 이룬다는 것을 알지 못합니까?

졸졸 흐르는 작은 시내는 강을 이루어 그 강 주변의 강둑 위에는 거대한 주거지가 형성되고, 그 강은 바다로 흘러 모든 나라의 상선들이 오고갈 수 있게 합니다.

한 영혼이 그리스도께 인도될 때 어떤 결과가 나타날지 우리는 알 수 없습니다.

한 영혼이 천 명으로 늘고, 그 천 명은 만 명으로 늘어날 뿐 아니라, 백만 명으로 늘어날 수도 있습니다. 단지 우리가 아는 것은 "많은 사람을 옳은 데로 돌아오게 한" 그리스도인은 영원토록 빛날 것이라는 사실입니다.

그 불쌍하고 배우지 못한 어부 출신의 예수님의 제자들을 보십시오. 그들은 유식한 사람이 아니었건만 영혼을 구원하는데 뛰어난 역할을 감당했습니다. 우리 가운데 하나님이 감당할 수 없는 어린아이는 한 명도 없다는 것을 알아야 합니다.

그리스도인들이 하나님의 일을 하지 못하는 한 가지 원인은 그들이 그 일을 하고자 하지 않는 데 있습니다.

우리가 하나님의 일을 하고자 하기만 하면 하나님은 곧 그 일을 할 수 있는 능력과 자격을 주십니다. 우리가 원하는 것이 하나님이 인정해 주시는 자격이라면 그것은 하나님으로부터 받아야 합니다.

하나님을 위해 일하라

우리가 개최한 대형 집회에 3,000명이 넘는 그리스도인들이 모이는 경우는 흔한 일입니다. 그들이 주님과 살아 있는 교제를 나누는 그리스도인이라면 한 달 안에 한 영혼을 주님께로 인도해야 한다고 기대하는 것은 너무 지나친 것일까요?

우리를 위해 자신의 생명을 내어주신 하나님의 아들이 우리에게 필요한 능력을 주시는 데 하나님을 위해 일하는 것을 거부하시겠습니까?

모든 그리스도인이 전도 사역을 감당한다면 많은 영혼들에게 놀라운 변화가 일어날 것입니다. 집회가 끝난 후에 그리스도인들이 슬픔을 당한 자에게 간증하는 것을 수없이 많이 봤습니다. 잃어버린 영혼을 찾는 데 눈이 뜨인 그리스도인들이 있다면, 등록하는 사람이 없어 비어 있는 새신자실이 그리스도를 알기 원하는 수많은 구도자들로 넘치게 될 것입니다.

교회마다 예배 후에 새신자 모임이 필요하게 될 것이고 새신자실은 주님을 영접하기 원하는 사람들로 넘치게 될 것입니다. 이 새신자들은 매주 예배에 참석하며 자신을 따뜻한 마음으로 그리스도에게 인도해 줄 사람을 간절히 원하게 될 것입니다. 그들은 겁이 많지만 그들에게 그리스도에 관해 가르쳐 주는 사람에게 언제나 귀를 기울일 것입니다.

그러므로 모든 그리스도인들은 이렇게 기도해야 할 것입니다.

'오, 하나님 저희의 전도가 필요한 잃은 영혼에게 저희를 보내주소서.'

우리가 이같이 전도에 힘쓴다면 어떤 결과가 일어날까요. 수많은 사람들이 모여 하나님을 소리 높여 찬양하며 하늘에 계신 하나님을 기쁘게 할 것입니다. 자신의 죄로 근심하는 죄인들이 있는 곳이 바로 그리스도인들이 있어야 할 곳이라는 점을 잊지 마시기 바랍니다.

당신은 무얼 하고 있습니까

- 에바 트래버스 풀

그리스도인이여 그대는 무얼 하고 있습니까?

그것은 당신의 주님인 그리스도를 위한 일이지 않습니까?

그대는 잃은 영혼들을 주님께로 인도하고 있습니까?

당신의 삶과, 당신의 글과, 당신의 말을 통해서?

그대는 무얼 했느냐고 엄숙히 주님이 물으실 때

당신은 어떻게 대답하려 합니까?

당신이 완수한 일을 소개할 수 있습니까?

'주님, 제가 한 일은 당신을 위한 것이에요!' 라고 말하며 그대는 어떻게 섬기고 있습니까?

능동적으로 섬기고 있습니까?

진실한 삶과 말이

사랑하는 마음으로부터 우러나오고 있습니까?

혹은 나태하게 바라보고만 있습니까?

다른 사람들이 땀 흘리며 씨 뿌리고 있는 것을

칭찬하는 것으로 만족하고 있습니까?

다른 사람들이 열심히 일하는 것에 대해

구원받은 그리스도인이여

그대는 무얼 하고 있습니까?

전능한 왕의 자녀로서

무디의 생애와 주요사건

1837. 2. 5.	매사추세츠주 노스필드에서 9남매 중 여섯째로 출생.
1841. (4세)	소작농이자 석공이었던 부친이 세상을 떠남.
1842. (5세)	어머니의 헌신 가운데 성경 말씀으로 양육 받으며 유니테리언 교회(삼위일체를 부정하는 교파) 주일학교에 출석하는 가운데 세례를 받음.
1854. (17세)	보스턴에 있는 삼촌의 제화점에서 일함.
1855. (18세)	삼촌의 권유로 마운트버논에 있는 회중교회에 출석.
1856. (19세)	주일학교 교사 에드워드 킴볼을 만나 복음적 신앙으로 회심.
1856, 10.	시카고로 이주하여 플리머스 회중교회에 출석.
1858. (21세)	살롱(지금의 커피숍 같은 곳)에서 시작한 지 1년도 안되어 650명의 주일학교 학생들과 60명의 자원교사를 둔 미국에서 최대주일학교 인도자가 됨.
1860. (23세)	상당한 성공을 거두고 있던 제화업을 정리하고 주일학교와 YMNCA 사역에 전념.
1860.11. 25.	링컨이 대통령에 당선된 직후 그의 주일학교를 방문하여 설교를 함.

1861. (25세)   남북전쟁이 시작되자 YMCA 활동을 통해 전장戰
場을 9차례 방문.

비공식이긴 하나 군목으로 활동.

1862. 8. 28.   엠마 C. 레벨과 결혼(2남 1녀를 둠).

1863. (27세)   주일학교 학생들의 증가로 인해 이들을 수용하기
위해 시카고 일리노이 스트리트교회를 짓기 시작
(1,500석).

1864. 12. 30.   일리노이 스트리트교회 조직(무디교회의 전신).

1867. (31세)   최초의 영국 여행 중에 청소년 설교자 헨리 무어하
우스를 만남.

1868. (32세)   무어하우스를 통해 성경 중심적 설교와 하나님의
사랑을 중심으로 한 설교법을 배움(이전에는 심판
과 지옥의 무서움을 통해 천국 백성이 될 것을 촉구).

1871. (35세)   복음 성가 가수인 이라 E. 생키를 만남.

1871. 10.   시카고 대화재로 교회, 사택, 성도들의 집들이 대부
분 전소됨.

1872. 1.   시카고 에비뉴 교회 재건.

1873.-5.	생키와 영국에서 전도 집회를 인도하여 성공을 거둠. 그 전도 방법이 미국 전역에 보급되기 시작.
1875.-6.	미국의 중서부 지역과 대서양 연안에 있는 대도시를 방문하여 전도 집회를 개최.
1879. (43세)	노스필드 여자신학교 창설.
1880. (44세)	화재 이후 고향인 노스필드에 집을 짓고 매년 여름마다 저명한 설교자들을 초빙하여 사경회를 열기 시작(19세기 교회 부흥의 중심지 가운데 하나가 됨).
1886. (50세)	시카고 전도협회 조직(무디성경신학교의 전신).
1889. (53세)	시카고 성경학교 시작(무디신학교의 전신, R. A. Torrey)가 1899년에 학장으로 이어 받음.
1894. (58세)	문서전도협회 창립(무디 출판사의 전신).
1899. 12.22.	하나님의 품에 안김(62세).